ENFERMEDAD MENTAL POR SUGESTIÓN
La mente engañada

Casos de una investigación antropológica

MILTON FREDY VALDEZ

Reservados todos los derechos. No se permite la reproducción total o parcial de esta obra, ni su incorporación a un sistema informático, ni su transmisión en cualquier forma o por cualquier medio (electrónico, mecánico, fotocopia, grabación u otros) sin autorización previa y por escrito de los titulares del copyright. La infracción de dichos derechos puede constituir un delito contra la propiedad intelectual.

El contenido de esta obra es responsabilidad del autor y no refleja necesariamente las opiniones de la casa editora. Todos los textos e imágenes fueron proporcionados por el autor, quien es el único responsable por los derechos de los mismos.

Publicado por Ibukku, LLC
www.ibukku.com
Diseño de portada: Ángel Flores Guerra B.
Diseño y maquetación: Diana Patricia González Juárez
Copyright © 2021 Milton Fredy Valdez
Segunda edición
ISBN Paperback: 978-1-68574-514-1
ISBN Hardcover: 978-1-68574-516-5
ISBN eBook: 978-1-68574-515-8

Índice

Prólogo	7
Sobre el autor	15
Enfermedad	17
Histeria o Histerismo	19
Sadismo	21
La sugestión	23
Tan linda, tonta y loca	27
Análisis del caso de la tonta y loca	30
Un hombre que no caminaba desde los diez años	33
Análisis del caso del inválido Facundo	37
La señora de la empalizada	41
Análisis del caso de la mujer de la empalizada	43
Se le comieron las orejas	47
Análisis del hombre que se le comieron las orejas	53
Perdió la vagina	57
Análisis de la muchacha que perdió su vagina	61
Jacinto con su precinto	65
Análisis del caso de Jacinto	68
La región sur y un poco de su gente en el arte del curanderismo	73
Facultativos recomiendan al curandero…	77
Conclusión	87
Bibliografía	89

"Antes de que te diagnostiques con depresión y baja autoestima, asegúrate de no estar rodeado de idiotas"

Sigmund Freud

Prólogo

Desde tiempos inmemoriales el hombre ha buscado saber lo que hay detrás de aquellos eventos del ambiente (salida del sol, puesta del sol, lluvia, etc.), puesto que con ello intenta lograr controlar eso que puede convertirse en algo catastrófico y lacerante.

En ese sentido la visión mágico-religiosa se impone categóricamente, para reparar ese misterio que invade la percepción en todos sus sentidos. Según Freud, *el infante, el primitivo y el adulto neurótico tienen algo en común*. Eso se puede verificar cuando no pueden dar alguna respuesta lógica a la realidad circundante. Se pierden en la fantasía y la toman como realidad.

La trepanación, consistente en abrirle un hueco al cráneo del sujeto que se creía enfermo, o loco, porque supuestamente se le había introducido algún animal maligno, es un ejemplo de esa visión distorsionada y delirante de lo que probablemente podía interpretarse frente a un experto, como un momento de angustia de tal persona, debido a una situación estresante de la cotidianidad.

Hace más de una década, me propuse investigar por qué tantas personas en el mundo, y en mi país, en pleno siglo veintiuno, siguen presentado poderosamente eso que describieron una serie de investigadores de la talla de Kraepelin, Freud, Charcot, Lacan y muchos otros, una confusión alucinatoria, provocado por algún evento estresante de su infancia, o de la actualidad. Vale mencionar el sistema de liberación para los filósofos, pioneros en esa búsqueda que comprende, la descripción, el origen del problema y la impersonal solución, que al parecer se enmarcaba en esta fructífera frase "conócete y conocerás al universo". (..).

Da la impresión que la Edad Media está siendo habitada en este caudaloso siglo que apenas comienza. Veinte años no es nada como decía ese elegante cantautor de origen argentino, Carlos Gardel, pero en cambio más de quinientos siglos, sí pueden ser reconocidos como un gran espacio transcurrido a través del tiempo, en el que puede notarse un cambio de manera palpable con respecto al síntoma que impacta al niño indefenso.

La histeria durante muchos siglos fue una especie de enigma que a muchos martirizó. Tanto para aquellos o aquellas damas que la padecían, junto a la acusación de tener algún pacto demoníaco y ser llevadas a la hoguera y/o al cadalso, y de esa manera acabar con esa "fiera infernal" que podía convertir a una multitud de personas en una legión de criaturas de un mundo satánico. Tal como ocurre en la leyenda de los vampiros. Pero también fue difícil para aquellos que trataron de dar algunas respuestas al terrible mal que padecían esas sensibles damas y ciertos caballeros. Tratando de hacer una descripción objetiva, elaborar un origen fáctico y desde esos hallazgos implementar métodos para la curación. Más adelante muchos utilizaron la sugestión y la hipnosis, o sugestión hipnótica a parte del uso de medicamentos convencionales, entre otras alternativas.

Igual como ocurría en los pacientes, los valientes médicos y eruditos, fueron tratados como sinvergüenzas y charlatanes.

En la actualidad sorprende cómo todavía se busca ayuda donde un curandero, brujo u otros calificativo para referirse a quien parece traer un don mágico, y en el que se puede confiar ciegamente. A partir de este preámbulo es importante especificar que lo que se propone investigar es *cómo por la influencia de la sugestión muchas personas logran enfermar y también cómo obtienen una cura alternativa de su malestar. Y sobre todo, saber si lo que experimentan por curación obedece a una cura genuina o algo ficticio que incide en la cura propiamente dicha.* De igual manera, saber cuáles elementos intervienen en el proceso curativo. (..).

Se busca conocer el papel que juega la cultura (costumbre), el miedo y algún rasgo constitucional del individuo como demuestra Freud al estudiar personas neuróticas que ante un estímulo perturbador son invadidos de una sintomatología severa y otros que tal vez padecen con una intensidad relativa una experiencia traumática no se inmutan, y, tal vez, toman la cosa sin mucha preocupación.

Existe una historia muy larga acerca de cómo a muchas personas que se creían embrujadas por los diferentes síntomas que presentaban, luego experimentaban una especie de mejoría mediante un exorcismo.

Para llevar a cabo el proyecto, me propongo investigar sobre hechos que muchos ciudadanos relatan en historias y sobre todo visitar personas que hayan tenido alguna experiencia de cerca con sujetos que practiquen el arte del tipo chamánico, curandero y por qué no, tratar de visitar a alguien que sin tener la habilidad y el reconocimiento de los antes mencionados, puede salir exitoso ante un procedimiento de este tipo.

Es muy probable que las personas que persiguen este tipo de práctica sientan la emoción de explorar lo que para muchos podría ser visto como una búsqueda arcaica que parecía cosa del pasado y que por razones de temores al igual que una obsesión por mantener objetos y estados que parecen efímeros que desafían las leyes de algo conocido como la "gravedad", "la evolución" y el "razonamiento cartesiano" o "aristotélico".

Para adentrarse a un misticismo radical; obteniendo las respuestas imaginadas, y a más interrogantes, referente a este tema.

Parece ser como si existiera en estos sujetos algún circuito que se resiste a ver las cosas más simples y manejables, con el fin tal vez de perpetuarse en un estado de bienestar y prosperidad surrealista. De igual manera, existen aquellos que no ostentan ese "equilibrio", que también apelan a encontrarlo por los mismos caminos.

En la República Dominicana, desde los tiempos de la colonización se registran casos documentados, como también de ciertas frecuencias en conversaciones de la cotidiana, refiriéndose a curaciones a manos de curanderos, sabios, habilidosos o brujos como se nombra desde la antigüedad.

Se dice que cuando los colonizadores fueron atacados por los indígenas en uno de sus fuertes apareció la virgen de la Altagracia para proteger a los desamparados guardianes de dios.

Haciendo referencia al conquistador español en busca de tesoro frente al indígena manso.

La provincia de San Juan de la Maguana, sitiada al sur de la República Dominicana y profundizando un poco más a Elías Piña, y tocando la frontera haitiana, ha registrado, desde tiempos remotos, cientos de historias referente a hechos y apariciones misteriosas donde la cura de alguna rara enfermedad depende del favor de dioses y gurúes del más allá que pueden incidir en la salud y en la enfermedad, como se pueden encontrar en los registros del libro de psicopatología, cuando se busca los orígenes de la visión y curación primitiva de los trastornos.

En los años antes del régimen trujillista había un curandero con poderes extraordinarios de nombre Olivorio Mateo, quien tenía unos dones especiales emanados desde la misma raíz del "Divino Dios y sus Santos" según un campesino consultado. Este gurú en su adolescencia ya desarrollaba apariciones y curaciones milagrosas, según cuentan los parroquianos de la Maguana de San Juan, un municipio al noroeste de la provincia de la región sur del país.

En honor a su aniversario se celebran fiestas y se realizan curaciones en la "agüita" de la Maguana.

También se registran casos en otras provincias de la república, como ocurre en Bayaguana, Montecristi, Higuey, Moca, San Francisco, Nagua y otras.

Muchas personas han podido reincorporarse a sus quehaceres después de haber padecido las inclemencias de un trastornos del tipo físico y psicológico y probablemente psicosomático –término que hace referencia a una condición física producida por un conflicto mental. Un conflicto que atenta con la distorsión de las facultades mentales es puesto al servicio de la manifestación física y así protegerse la psiquis–.

Freud descubrió en sus pacientes histéricas que desarrollaban parálisis de múltiples extremidades al igual que cegueras, tartamudeces, producto de algún trauma del tipo sexual en su infancia; también atribuido a una negación de una condición legitima del niño y la niña. Tales como acariciarse sus genitales cuando han sido descubiertos, negándose la posibilidad de experimentar el placer que produce rosárselos y admirarlos, como una acción legítima y natural.

Nada deja más atónitos y ensimismado a muchos desconocedores de la forma singular que tiene la naturaleza para producir el registro en su "disco duro" de caricias bucales en las regiones genitales en los animales, como una natural forma de limpiarlos. Esta noble analogía entre –el ordenador y el cerebro– en las personas y los animales, nos puede ayudar a entender ciertas conductas que por un impedimento de los canales normales pueden llegar a convertirse en aberraciones.

Sin embargo, la cultura y la costumbre, definida la primera como todo aquello que se va transmitiendo de una generación a otra en una comunidad como son: sus credos, pensamientos y formas legítimas de proceder de vestirse, de comer, etc. La segunda como dependiente de la primera en lugares civilizados y poblados bajo normas estrictas y poco racionales, no permiten ver a sus criaturas explorarse con placer, puesto que un mal intencionado (hombre o mujer), pudieran aprovecharse de la inquietud o necesidad para producir sus más distorsionadas fantasías.

En ese sentido, el trauma no pide permiso para depositarse en el individuo incapaz de reclamar a sus mayores, que le dejen satisfacer sus necesidades y reconocerse como sujetos sensitivos; sus desnaturales y anormales padres neuróticos, exigen comportamientos "correctos". Quienes por miedo y extremo cuidado laceran las estructuras psicofisiológicas más frágiles de sus amados "vástagos", igual como antes había ocurrido en ellos.

Más adelante los errores y daños sufridos por los desventurados mártires de la ignorancia serán pagados con la búsqueda persistente de algún medio para sanar los inocentes.

Es aquí donde entra al juego el curandero con sus más poderosas estrategias.

Narciso Augusto Beltré (Pirrindín) era un señor curandero de la sesión de "Cuenda" en la provincia de San Juan de la Maguana. Sus extraordinarias condiciones como curandero le valieron una gran fama; al parecer con amplios conocimientos en medicina convencional y tradicional, al igual que con una sensibilidad para captar dificultades dentro de las esferas psicológicas.

En las manos de Pirrindín, muchos niños y adultos encontraron la "cura" a pequeñas, medianas y múltiples enfermedades y trastornos psicosomáticos.

Me cuenta el filósofo y agricultor José Ignacio "Kiko", que este tenía una luz en la casa donde podía darse cuenta de que alguien muy lejos de su residencia padecía una dificultad de cualquier tipo. Fue por esto que él le visitó para consultar a un hijo que al parecer padecía una fiebre palúdica y este le recetó un "Jarabito" de "NeuMelubrina", fármaco potente y antipirético que probablemente está descontinuado en cuanto al nombre comercial. Y el niño mejoró al poco tiempo.

En otra ocasión, su observación consistió en ver cómo se presentó un señor con un fuerte dolor de muelas e hinchado y fue calmado instantáneamente por el curandero.

Un caso pintoresco que pareció extraño lo relató una ahijada del curandero, según ella: en una ocasión este se encontraba fabricando un ataúd y una hija le veía sonreír guiñando los ojos mientras trabajaba, y le preguntó por qué sonreía y a quién, contestándole él pisándole el dedo grande del pie derecho: "Observa al frente".

Supuestamente ella vio una persona que sonreía con él mientras observaba el trabajo que se estaba realizando.

Según el relato, era quien debía habitar el ataúd; la persona fallecida.

En San Juan y en gran parte del país el curandero es altamente conocido y con una familia compuesta por hijos y nietos médicos.

"Podía curar también la fiebre tifus desde su casa sin visitar el enfermo, solo con lo que le refería el familiar del enfermo utilizando Cloranfenicol", según cuenta Kiko.

Otras historias probablemente serán comentadas a lo largo de este folclórico libro.

Según el señor Pichón (Ernestino Berigüete)...

—Muchos curanderos que conozco han curado las enfermedades más raras de la tierra,... mire, hay que estar ahí para creerlo —dice categóricamente.

—Yo vi con mis ojos, cómo un viento soplaba, subiendo el polvo, cómo un remolino, ante la mirada de un hombre, que andaba con la muerte encima y a partir de ese momento ese pobre hombre se curó —comenta el señor.

La mayoría de los casos que se reportan a continuación acaecieron hacen más de dos décadas, aunque parece ser que el tiempo se ha detenido en cuanto a la repetición sintomática de los mismos, puesto que se siguen repitiendo hechos y casos muy similares; verdaderamente las creencias y la costumbre tienen un magnetismo que pueden producir fantasmas cuando el imaginario colectivo necesita un evento que reactive sus fábulas y leyendas, haciéndose una especie de reencuentro con las razones primigenias de un vivir, comentando y sintiendo lo que los abuelos inventaron o adoptaron de sus ancestros. Repitiéndolo al nieto para poder dormirlo y tranquilizarlo en su turbulento desarrollo.

Por esta razón, si algún lector se encontrara con nombres y apellidos comunes ha sido una casualidad, puesto que no pertenecen a los casos de nuestra investigación. Y si existiese algún parentesco no ha sido intencional.

Sin embargo, se vuelve a recordar que este manual, el cual puede ser catalogado como "libro", "ensayo" e "investigación", busca ilustrar a los que tienen alguna inquietud por las psicopatologías originada en el Oscurantismo de la Edad Media. Hoy siguen sus vestigios, causando síntomas y siguen apareciendo casos similares a los tan nombrados de la Santa Inquisición, donde personas que parecían excepcionales, brillantes y con algún tic nervioso, eran acusadas de herejes y por tales razones tenían que pagar con sus vidas, siendo ahogados, quemados o metidos en el cadalso para ser decapitados.

El autor

Sobre el autor

El Profesor Milton F. Valdez es egresado de la Escuela de Psicología de la Facultad de Humanidades de la Universidad Autónoma de Santo Domingo, UASD; con una maestría en Sexualidad Humana del Instituto de Sexualidad Humana (ISH) de la misma institución; una maestría en Filosofía en un Mundo Global de la Universidad del País Vasco y un doctorado en Psicología de Cambridge International University.

El Profesor Valdez ha realizado cursos de Psicología clínica Infanto-juvenil por la Universidad de Edimburgo, Reino Unido; Introducción a la Lógica por la Universidad de Stanford, Estados Unidos y el curso internacional Las relaciones Interamericanas por la Escuela de Servicio Exterior de la Universidad de Georgetown, Estados Unidos; entre otros.

En la actualidad, el autor es Catedrático de la universidad más antigua del nuevo mundo, la UASD.

En el campo de la música, el Profesor Valdez ha sido pianista de las orquestas de prestigiosos artistas como: Juan Luis Guerra, Sergio Vargas, Millie Quezada, Gilberto Santa Rosa, Michel,; también ha acompañado y grabado en diferente géneros musicales con Placido Domingo JR. Marco Antonio Muñiz, Paul Austelich, Belio Antonio, y merece una mención especial haber trabajado con el compositor de uno de los boleros más importantes del siglo XX (Por amor), Rafael Solano; entre otros. Actualmente, además de la docencia, sigue dedicando su tiempo a actividades académicas como investigaciones, escribiendo ensayos, manuales científicos, y novelas; además, sigue componiendo, participando en numerosas grabaciones musicales y realizando arreglos de géneros tropicales.

Hoy, el Profesor Milton Valdez muestra su novela filosófica *Venciendo mis Fantasmas* que trata de la realidad psico-social que vive y repite Santo Domingo y otros paises de latinoamerica desde antes de los años 60 hasta la actualidad.

Enfermedad

Según la OMS, la definición de enfermedad es "una alteración o desviación del estado fisiológico en una o varias partes del cuerpo, por causas en general conocidas, manifestada por síntomas y signos característicos, y cuya evolución es más o menos previsible".

La enfermedad mental puede describirse como una falta de armonía interna que va a interferir en todos los procesos del pensamiento, percepción y conducta de quien la padece.

De tal manera que el malestar que provoca la enfermedad debe sentirse como algo que desnaturaliza el Ser, afectando todos los sentidos.

Los trastornos mentales, como cualquier cosa fuera de lo normal, hacen sentir incómodas, e incluso un poco atemorizadas, a las personas.

En las teorías psicoanalíticas, el término de enfermedad mental es sustituido por neurosis.

Y su definición es: "Afección psicógena cuyos síntomas son la expresión simbólica de un conflicto psíquico que tiene sus raíces en la historia infantil del sujeto y constituyen compromisos entre el deseo y la defensa".

La extensión del concepto de neurosis ha variado; actualmente el término, cuando se utiliza solo, tiende a reservarse a aquellas formas clínicas que pueden relacionarse con la neurosis obsesiva, la histeria y la neurosis fóbica. Así, la nosografía distingue neurosis, psicosis, perversiones y afecciones psicosomáticas, mientras que se discute la posición nosográfica de las denominadas "neurosis actuales", "neurosis traumáticas" y "neurosis de carácter".

También se utiliza el término histeria, como comenté en el prólogo. En ese sentido es importante la definición registrada en el diccionario psicoanalítico de Laplanche y Pontalis.

Histeria o Histerismo

"Clase de neurosis que ofrece cuadros clínicos muy variados. Las dos formas sintomatológicas mejor aisladas son la histeria de conversión, en la cual el conflicto psíquico se simboliza en los más diversos síntomas corporales, paroxísticos (ejemplo: crisis emocional con teatralidad) o duraderos (ejemplo: anestesias, parálisis histéricas, sensación de 'bolo' faríngeo, etc.), y la histeria de angustia, en la cual la angustia se halla fijada de forma más o menos estable a un determinado objeto exterior (fobias).

En la medida en que Freud descubrió en la histeria de conversión rasgos etiopatogénicos fundamentales, el psicoanálisis logró relacionar con una misma estructura histérica diversos cuadros clínicos que se traducen en la organización de la personalidad y el modo de existencia, incluso en ausencia de síntomas fóbicos y de conversiones manifiestas.

La especificidad de la histeria se busca en el predominio de cierto tipo de identificación, de ciertos mecanismos (especialmente la represión, a menudo manifiesta) y en el afloramiento del conflicto edípico que se desarrolla principalmente en los registros libidinales fálico y oral".[1]

Los humanos tenemos una vida muy apegada y motivada por las emociones, desde que el feto comienza a sentir los procesos internos que ocurren en la madre, hasta los últimos suspiros de vida.

Cada persona busca incansablemente quien le comprenda y acoja desinteresadamente, como una especie de amor fraternal.

---

1 *Definición registrada en el diccionario psicoanalítico de Laplanche y Pontalis.*

Es como si su cordón umbilical no atravesó el proceso de corte, y tal vez porque somos los animales que padecemos de incompletud al momento de nacer, según los eruditos del campo de la biología.

En ese sentido, somos muy vulnerables, aunque buscamos siempre aparentar tener una fuerza y resistencia descomunal, que alardeamos a más de uno. Tal vez aquí reside la motivación de poder. Como un vacío existencial que nos perseguirá a lo largo de toda nuestra existencia.

También vivimos complementando el complejo de poder con una acción sadomasoquista. Donde al parecer sentimos satisfacción cuando golpeamos física o emocionalmente a otro, o a otros, como suele ocurrir en algunas personalidades que consiguen dominar a otros desde su dependencia hacia ellos, en lo económico, laboral, sentimental, etc.

Sadismo[2]

"Perversión sexual en la cual la satisfacción va ligada al sufrimiento o a la humillación infligidos a otro.

El psicoanálisis extiende el concepto de sadismo más allá de la perversión descrita por los sexólogos, reconoce numerosas manifestaciones del mismo, más larvadas, especialmente infantiles, y lo considera como uno de los componentes fundamentales de la vida pulsional".

En fin, aquí lo que se puede apreciar es una conducta infantil o propia del niño que no conoce el límite naturalmente, y además no tiene una forma de comunicar que no sea agresiva, o donde no se utilice la agresión.

El término sadismo viene del Marqués de Sade, escritor y filósofo francés, autor de numerosas obras donde el sadismo sexual ocupa un papel de gran importancia. Su antónimo y complemento potencial es el masoquismo. El masoquismo es la obtención de placer a través de actos de crueldad o dominio causados a sí mismo o provocados a uno mismo por medio de una persona con la que se mantenga un vínculo emocional.

Este disfrute también puede ser sexual o asexual. La característica fundamental del masoquismo que lo distingue de otros tipos de sumisión es la algolagnia, esto es, la mezcla causada entre el dolor y el placer.

El Marqués de Sade, (Donatien Alphonse François) fue calificado como un filósofo cruel y demente, sin embargo, sus obras son especies de crónicas y singulares observaciones realizadas bajo estricto análisis

---

2 *En psicoanálisis. Laplanchee y Pontalis.*

que no podían publicarse como una protesta a un sistema de barbarie, sino como una mezcla de tragedia cómica con un alto grado de erotismo.

"Es una cosa admirable, que todos los grandes hombres tengan siempre sus caprichos, algún gramo de locura mezclado a su ciencia".[3]

---

[3] Moliere "El Médico a Palo".

La sugestión

Hablar de sugestión puede resultar ser un tema controversial y enigmático. Sin embargo, la sugestión está presente en cada una de las actividades que realiza el sujeto humano, y en gran parte de lo que realizan los animales. De la misma se puede realizar un tratado de cientos y miles de páginas, pero no nos proponemos llevar a cabo tal actividad; solamente se presentarán algunas que otras pinceladas de manera científica y cotidiana del referido tema.

El diccionario de la Real Academia Española define la sugestión en tres acepciones:

1. tr. Dicho de una persona: Inspirar a otra hipnotizada, palabras o actos involuntarios. U. t. c. prnl.

2. tr. Dominar la voluntad de alguien, llevándolo a obrar en determinado sentido. U. t. c. prnl.

3. tr. Fascinar a alguien, provocar su admiración o entusiasmo.

A mediado del siglo diecinueve, un prominente fisiólogo ruso, Ivan Pavlov, realizó un experimento que cambiaría el mundo, y establecería una psicología que ha impactado tanto en el marketing, la publicidad, la política, y al parecer en casi todo lo que tiene que ver con establecer una relación donde exista algún beneficio. *Este experimento lleva el nombre de reflejo condicionado.*

Este invaluable experimento consistió en utilizar una combinación de una necesidad con su estímulo suplidor (hambre y alimento), asociándolo con un estímulo neutral, consistente en un objeto desconocido y sin ningún valor, (una campanita). En este sentido, es importante saber que cada vez que un animal tiene contacto con un alimento, incluso cuando no tenga hambre, empezará a salivar; igualmente ha de ocurrir con un ser humano, o el animal humano según expertos estudiosos de la biología y otras ciencias afines.

En el experimento de Pavlov, cada vez que se le presentaba las comidas al animal, se le tocaba el sonido que hasta ese momento no provocaba nada.

Al cabo de realizar esta combinación una decena de veces, el animal empezó a salivar cuando escuchaba el sonido, incluso sin estar presente la comida.

Hasta ahora se puede comprender el papel de la sugestión en el mundo de la domesticación y de la inducción a la realización de una acción. Pero también se debe señalar que en un gran número de veces probablemente muchos sujetos en la sociedad y en la cultura la utilizan con fines crueles y despóticos.

El sugestionar es propio del mundo social y la cultura, donde casi siempre existen muchas distorsiones, intenciones poco éticas, y una búsqueda continua y obsesiva de enrostrar un poder, descalificando, a quien pueda lucir vulnerable.

En ese sentido existe un debate de larga data en cuanto a la creencia de la incompatibilidad de la cultura y la naturaleza.

"La cultura se diferencia de la Naturaleza por no ser, como esta, por decirlo así, mera presencia o, como dice Rickert, 'el conjunto de lo nacido por sí, oriundo de sí y entregado a su propio crecimiento', sino objeto o proceso al cual está incorporado un valor, que tiende a un valor y está subordinado a él". En esos términos, Nietzsche, Freud, entre otros, han considerado la cultura contra natura.

---

4 *José Ferrater Mora Diccionario de filosofía, tomo I.*

Se puede hablar de una cultura que enferma cuando irrespeta o irrumpe violentamente el comportamiento de un sujeto con una naturaleza singular y frágil.

La sugestión ha estado presente en los momentos más excitantes o escalofriantes de la humanidad.

"Es indudable que existe en nosotros una tendencia a experimentar aquellos efectos cuyos signos observamos en otros".[5]

El cine juega bastante con este recurso en sus películas, para que puedan ser prósperamente taquilleras.

Podemos observar cómo se induce o sugestiona al espectador de una saga, utilizando efectos sonoros, y donde también se utiliza sensualidad y sexualidad para provocar toda atracción y catarsis de los consumidores.

Se puede explorar sucesos importantes en la historia de la humanidad, partiendo por ejemplo de los relatos de la mitología, como podemos apreciar en *la Odisea* y *la Ilíada* de Homero, cuando un enano se enfrenta a un gigante y lo vence. O cuando Ulises puede luchar con el dios del mal, Poseidón, y le doblega sin importar su investidura.

En las guerras se puede apreciar cómo se vence utilizando la sugestión de temor en los enemigos, con el uso de un artificio que produzca incertidumbre en el enemigo.

En la Edad Media se registró un histerismo colectivo, donde muchas personas cayeron presas del miedo, muriendo un alto número en el acto y otras tantas fueron quemadas, cuando se comentó que había un espíritu maligno entre ellos.

Hitler utilizó el holocausto judío para erigirse frente a un mundo lleno de fragilidad, ante esa crueldad en su grado máximo. Y fue

---

[5] *Sigmund Freud.*

temido por todos los que lo adversaron, y de ese terror nació el hecho de unirse varias naciones en lucha contra él.

Las historias que aparecen a continuación tienen todas un hilo en común, puesto que sus padecimientos obedecen algún tipo de sugestión, como el que atañe a los habitantes de un lugar, donde el simbolismo de terror en las palabras, los gestos, el ambiente y acontecimientos acaecidos perturbaron la psique de sus habitantes.

Estas fueron contadas por supuestos parientes, amigos o personas que habían sido testigos de tales eventos.

Muchos estudiantes colaboraron en el proceso de aglutinar e investigar a sus parientes para esta obra.

Historias y hechos de este tipo ocurrieron en toda la Edad Media y antes también.

Podemos encontrarnos con historias como las que motivaron la persecución de las brujas en el Renacimiento, en el tratado martirio de las brujas.

Manuales como "La Santa Inquisición Española" pueden llevarnos por un recorrido más impactante y desconcertante.

Muchos países encierran también historias parecidas, como las que pueden encontrarse en los libros del Marqués de Sade, las cuales tienen unos matices de la Santa inquisición.

Igualmente podemos encontrarnos no sólo en países europeos como Francia, Inglaterra o Alemania, también los países de América se vieron fascinados, atraídos e impactados por sus historias de enfermedades producto del miedo. Basta hurgar en sus tratados históricos de eventos que aún se guardan en las memorias de abuelos, padres, nietos, y en la misma cultura y la sociedad que apela a ellos cuantas veces quiera.

Tan linda, tonta y loca
Caso contado por un estudiante de Nagua (provincia situada al nordeste de República Dominicana)

Así le llamaban a la joven S., quien no podía mover sus extremidades inferiores y solo balbuceaba como quien tenía atragantada su lengua; también tenía unos tics que no le permitían mantener una mirada con la expresión normal esperada y deseada.

Cuando fue vista por el curandero, este indagó su historial clínico; encontrando una serie de condicionantes de la sintomatología.

Cuenta su madre que cuando era niña debido a su condición de "cofrada" (persona que pertenece a una secta o grupo especial como reza una religiosidad popular y una sensibilidad medianímica superlativa), era muy especial y no podía estar en fiestas de atabales porque se le montaba la "metresa" o metresilí –santa de origen africano que tiene un gran espacio en la comunidad vuduista dominicana y haitiana–.

Esta "santa" realiza innumerables milagros relacionados con la prosperidad y la inoculación de algún maleficio echado a alguien o a algún sembradío, para que la flor pase a la parcela ajena. Quiere decir esto que quien está cultivando con éxito puede fracasar si le hacen un "trabajito".[6]

En una ocasión, sin permiso de la madre se fue a cumplir con unas procesiones en el día de la virgen de la Altagracia –celebrada el 21 de enero en todo el territorio nacional, desde que apareció en Higuey– provincia ubicada al este de la República Dominicana y donde se vivencia la fiesta de manera oficial.

---

[6] *Hechizo para que la suerte la pierda el primer sujeto, y favorezca al otro.*

Muchos devotos de la virgen de Altagracia caminan cientos de kilómetros en promesa a esta (un compromiso que se traza de manera espiritual y probablemente en presencia de un emisario devoto), buscando la curación de una enfermedad; conseguir suerte o prosperidad de algún familiar o de sí mismo.

La señorita después de haber disfrutado con una serie de libertades, acciones como: bailar como ninguna de las presentes, tomó gran licor y habló con todos de aquello que acontecía y lo que se esperaba; cayó de bruces con movimientos y mímicas de los que se producen en los mejores amantes. Luego empezó emitir una espuma en su boca como cuando se vacía una cerveza y se rebosa, eructando la secuela espumosa.

Los que la conocían inmediatamente la llevaron a su casa, diciéndoles a los familiares que se trataba de "algo malo"[7] que se había echado en la fiesta y como esta estaba desprotegida[8] por tanto era víctima de ese tipo de "sustancia".

El padre en su condición de alto conocedor de las injurias del espíritu y la maldad que existía en la hija de unos vecinos que vivían en la proximidad de su casa sospechaba una maldad por razones de envidia. La joven vecina quien iba a casarse, y no pudiendo realizar su sueño porque S. se le pasó por el frente a su novio, estaba dolida porque este inmediatamente terminó su relación; sufriendo terribles consecuencias melancólicas. Entonces esta dama juró vengarse de todos aquellos que contribuyeron a su padecimiento.

Y profundamente sintió celos de S., por ser la más hermosa de ese lugar y desde ese momento sería su peor enemiga, haciendo todo tipo de hechizos para restablecer su relación rota y aniquilar a su más implacable enemiga.

Dice la madre de S. que le contaron todo, las visitas que realizó donde los mejores brujos de la zona sur de la república y la parte oeste

---

7 *Un hechizo.*
8 *Desprotegida de seguridad espiritual.*

de la isla, puesto que estos tenían más dominio de la técnica de mover a los espíritus del más allá.

Como S. era muy querida y estimada por un gran número de parroquianos, les alertaron, aconsejándole bañarse en agua salada y comprar aceites: "Aleja lo malo y dame prosperidad".[9]

—No te preocupes, dios está conmigo y nada me pasará y además yo tengo un buen 'resguardo' (amuleto mágico, enganchado a la cintura) —comentó S.

—Pero cuídate, que la gente cuando está enojada sorprende de malas maneras —replicó la madre.

Desde ese día empezaron unas pesadillas donde la perseguía un "toro bravo" del que solo escapaba cuando despertaba del sueño.

Su madre la frotaba con ajo para espantar los malos espíritus y le daba agua con un poco de azúcar para calmar sus nervios.

Cada día dormía menos y se repetía el mismo sueño con el toro. Su padre exclamó:

—Sabía que esto venía, carajo.

—¿Por qué, papá?" —preguntó la hija.

—Porque la gente maliciosa es así.

—Prepárate que te llevo donde mi compadre para santiguarte y protegerte que cuando quiere llover aparecen nubes de agua, pero le mandé un mensaje, y ya está moviendo sus santos —arenga el padre.

Al día siguiente, la joven S había amanecido de mejor humor y contó a sus padres un sueño de cómo estaba siendo curada por un señor de traje blanco y barbas amarillas.

---

9 *Una especie de nombre para provocar una sugestión beneficiosa al necesitado.*

Un poco después el padre la llevó donde el curandero con el que se había convenido para resolver la situación o enfermedad que él mismo había intercedido en la cura para no dejar ningún cabo suelto o vestigio de la enfermedad.

Análisis del caso de la tonta y loca

Muchas enfermedades o trastornos pueden ser curados por la sugestión o la Fe según una serie de investigaciones en esa cuestión. Bertrand Russell dice en *Ciencia y Religión* "la enfermedad fue algunas veces una visita divina para castigar el pecado, pero más la obra de los demonios" (pág. 59, 2012).

En ese mismo sentido, Freud sustenta "del demonio sabemos que es pensado como antítesis de dios y está, sin embargo, muy próximo a su naturaleza. Pero su historia no ha sido, desde luego, también investigada como la de dios; no todas las religiones han asumido el espíritu maligno, adversario de dios, y su modelo en la vida individual queda, al principio, en la oscuridad.

Ahora bien; hay algo seguro, y es que los dioses pueden convertirse en demonios cuando nuevos dioses lo desplazan" (pág. 2684, 1996).

En cuanto al síntoma, el mismo autor dice: "… de los síntomas neuróticos sabemos ya que son efecto de un conflicto surgido en derredor de un nuevo modo de satisfacción de la libido.

Las dos fuerzas opuestas se reúnen de nuevo en el síntoma, reconciliándose, por decirlo así, mediante la transacción constituida por la formación de síntomas, siendo esta doble sustentación de los mismos lo que nos explica su capacidad de resistencia" (Freud, pág. 2346).

En cuanto a la desprotección de la dama, ella desconocía conscientemente, a qué se estaba exponiendo, puesto que su belleza era admirada y maldecida por chicas que no tuvieron el favor de dios o los dioses para poder competir con ella, pero su "inocencia" le llevaría probablemente a pagar, puesto que la envidia producía tanto daño como un huracán. En ese sentido, Ovidio en su clásico libro *La Metamorfosis* lo explica muy bien. Y me pregunto ¿cómo sería si esta contara con la inteligencia de Medea?En la parte séptima del libro dice, "faltaban tres noches para que la Luna se llenara. Llena al fin, y Medea, con el vestido recogido, dejando flotar sus cabellos y descalza, salió sola, con paso incierto, en medio de la noche misteriosa.

Un profundo silencio reinaba sobre la tierra; hombres, pájaros, bestias salvajes, todo gustaba de la dulce tranquilidad del sueño. Ni de árboles ni del viento se siente el más leve murmullo. Hay una calma absoluta y los astros brillan en el cielo. Medea, con los brazos alzados, volviéndose tres veces sobre el mismo lado, rociando otras tres veces sus cabellos en el agua del río, y agitando tres veces el aire con sus gritos, se prosternó e hizo este ruego: ¡Oh Noche, fiel confidente de lo más profundos secretos!; ¡astros, y Luna que con vuestra luz, suplís la luz del día! ¡Y vos, oh triple Hécate, a quien yo todos mis proyectos y de quien siempre he recibido protección! ¡Encantos, artes mágicas, hierbas y plantas cuya virtud es tan poderosa; aire, vientos, montañas, ríos, lagos, dioses de los prados, dioses de la noche, acudid todos en mi ayuda! (pp. 104-105, 2013).

En este caso la protagonista no tiene enemigos que se resistan a tan poderosos protectores; condición que faltó al leve conocimiento de la joven S, que tal vez le llevó a pagar con la convulsión semejante a un síntoma de "locura". Como castigo al atributo de su gran e irresistible belleza.

En cuanto a la cura, probablemente lo mismo que le produjo la enfermedad si se analizara también le produciría la cura como señala Freud. En ese sentido, Russell comenta una cita de San Agustín quien sostenía que "todas las enfermedades de los cristianos deben adscribirse a los demonios; principalmente atormentan a los cristianos recién bautizados, aun a los infantes sin culpa, recién nacidos" (pág. 59).

Más adelante, Russell sostiene que "sabemos ahora que ciertas clases de enfermedades pueden ser curadas por la fe, mientras que otras no; sin duda que los milagros de curación ocurren, pero en una atmósfera no científica las leyendas aumentan pronto la verdad y olvidan la distinción entre enfermedades histéricas que pueden ser curadas de esta manera y otras que demandan un tratamiento basado en la patología" (pág. 60).

Entonces, en ese sentido, la sugestión basada en la fe, de un trabajo eficaz, de un poderoso curandero va a devolver la curación eliminando la culpa del superyó, por ser hermosa y encantadora.

Un hombre que no caminaba desde los diez años

Este caso fue relatado por el señor Pichón Berigüete. Un campesino de un municipio de la provincia de San Juan de la Maguana

Desde que Facundo Encarnación nació, al parecer no dio buenas señales de normalidad, ya que la comadrona[10], no le vio muy bien y recomendó para el niño mucho caldo de gallinas y leche de vaca primeriza, puesto que su fragilidad le iba a acarrear graves dificultades.

Al cumplir el primer año fue llevado donde una curandera que ensalmaba el mal de ojos, porque a pesar de sus limitaciones tenía buen parecido. Sus ojos claros parecían de ángel divino. Y el mal de ojo le había provocado una serie de síntomas desde vómitos y diarrea, fiebre y llanto desesperante.

Se le consiguió calmar el mal de ojos y luego había que reforzar las fuerzas perdidas producto de la convalecencia, recomendándole el té de tua tua (arbusto de ojos anchas que ayuda en los casos de emparches y otros males).

"Más adelante volvió a padecer síntomas parecidos al que le causó el mal de ojos, pero esta vez ocurría algo peor... una bruja se lo estaba comiendo y esto era muy grave porque si no se encontraba la cura inmediatamente este fallecería". Se realizaron una serie trabajos de curanderos para mitigar los síntomas y poder sacar al niño de un malestar que lo llevaría al más allá, según uno de los curanderos.

---

10 Señora que ayudaba al parto en los lugares rurales del país en años 50 del siglo pasado, porque existían pocos servicios médicos en estas zonas.

También había que identificar la bruja para que no siguiera comiendo niños y este se pudiera curar por completo.

Parece ser que dentro de la curación también estaba contemplado matar a la bruja como cuando se elaboró *El martirio de las brujas o Martillo de las brujas* (escrito eclesiástico que promulgaba una ley y unos hábitos para descubrir, castigar y aniquilar a las brujas en la Edad Media).

Empezaron muchos comuneros del paraje a buscar y acechar toda persona o señora extraña que presumiblemente se pensara que podía ser la bruja que estaba acabando con la vida de un niño tan "lindo", donde existían muchos "prieticos o negritos". No era posible. Replica el cuentista.

Pronto se llegó a establecer quién era la persona que estaba produciendo tanto daño, y para ese fin se preparó un bebedizo con ajonjolís para el niño y se roció lo mismo y algún otro remedio más. También se preparó un arma consistente en un ramo de olivo rociado con agua de "bija"[11] para darle una "pela" a la señora endiablada cuando apareciera en las noches.

Se creía también que las brujas se convertían en pavas (pavos) por las noches y salían volando, etc.

Esa noche, un señor de los indicados en semejante operación había captado las huellas de la dama que había pactado con el demonio.

La preparación estaba lista y solo faltaba que se apareciera en el escenario dicha maligna dama del demonio convertida en cualquier animal volador.

---

11 *El achiote, urucú, rocú, onoto, bija o benis es una especie botánica arborescente de las regiones intertropicales de América, cultivado específicamente en México, América Central, Colombia, Ecuador, Venezuela, Perú y Bolivia desde la época precolombina.*

Al poco tiempo, el ave salía volando de un viejo bohío[12] y fue interceptada por un compadre del padre del niño con el ramo preparado y diciéndole una oración la daba fuerte con el arma preparada.

Según cuentan, al día siguiente, una viejita del paraje estaba agonizando y todos celebraban puesto que se había hecho justicia más temprano que tarde.

Luego, con una serie de bebedizos y remedios, el niño se recuperó por completo y después de tales padecimientos toda la familia le cuidaba y le comentaba que él había nacido para un fin.[13]

Él se sabía distinto de los demás y por esto cuidaba mucho el lenguaje y quien mencionaba alguna palabra rara o probablemente satánica era rechazado y les contaba a los padres interesado y quienes reforzaban continuamente lo que el infante contaba.

Un día salió solo al río, al parecer detrás de unos colibríes y otras aves que volaban de manera muy llamativa para el niño que ya tenía diez años.

Como los niños son tan juguetones y experimentan con todo lo que les parece gracioso, le tiró una piedra a una avecilla que cayó súbitamente al impacto de la piedra.

Un adolescente que observaba la escena se enfureció tal vez porque el niño acertaba más en su puntería con el ave y le dijo: "inmediatamente espero que cuando te levantes mañana no te quedes sin caminar porque mataste un ángel disfrazado de ave".

El niño se fue a la casa, y todo transcurría de manera habitual, solo que sus quejas en la noche dejaron preocupado a los padres.

---

12 *Tipo de vivienda de Los Taínos.*

13 *Generalmente se le dice esa sentencia a quien ha pasado por situaciones difíciles o padecidas enfermedades graves y sigue viviendo, puesto que se cree que dios intercedió porque alguna misión importante estaría destinada para tal persona.*

Al día siguiente llamó a la madre y le dijo que no podía levantarse de la cama porque no sentía fuerzas suficientes para que sus pies le sirvieran. La madre no dudó en preguntarle qué le había pasado el día anterior y este le contestó "nada".

Entonces se pensó que le había picado alguna sabandija desconocida, de esas que abundan mucho en los campos.

Se le realizaron muchas curaciones y se les dieron medicinas que el médico del pueblo había recetado, y hasta se pensaba en el ataque de polio mielitis que estaba muy de moda en ese tiempo.

El joven Facundo fue creciendo muy acostumbrado a su invalidez haciendo cosas diferentes a la que estaban acostumbrados los lugareños; se ordeñaban las vacas, se araba la tierra, se sembraba habichuelas y arroz, etc.

El amor llegó en el tiempo que no se esperaba, puesto que Facundo quería sanarse primero para poder trabajar y tener familia como todos los de su familia y demás conocidos.

Siempre soñaba caminando y salvando una dama que se encontraba desprotegida y por eso no paraba de investigar y preguntar cómo podía volver a caminar y realizar una vida normal.

En esos lugares existen prácticas de iniciación en las artes del amor con animales, y más extraños hábitos.

Algunos bromeaban acerca de cómo Facundo iba a poseer a la que le tocara, porque si no podía caminar, tan poco le era posible funcionar bien con su parte,[14] y su mujer no aguantaría ya que este no servía para nada.

En lo adelante quedó de visitar un tal Pirrindin, quien era más que un mago y produciría el milagro.

---

14 *Es un sinónimo del pene en la cultura dominicana.*

Facundo ya había hecho de todo como también había visitado los más reputados curanderos.

Al llegar en una mula con unos parientes ya se esperaba.

Este fue entrevistado como habitualmente el curandero acostumbraba, preguntándole diversas cosas al igual que porque quería caminar contestándole este que quería tener familia y trabajar.—Entonces debes saber que ahora mismo se está trabajando tu cura y cualquier pendiente que tengas con alguien se está pagando por lo que debes actuar desde hoy de manera fructífera con la familia y amigos —le recomendó el curandero.

Se terminó la consulta y agradeció lo que se había hecho y prometía hacer todo lo pactado al momento de empezar a caminar.

Más adelante dijo sentirse mucho mejor y experimentar un cosquilleo que le hacía palpitar el corazón con fuerza.

Llegó a su casa y se acostó puesto que el cansancio le había agotado mucho.

Cuando se levantó inmediatamente empezó a caminar sorprendiendo a cada miembro de la familia y demás personas del paraje.

Análisis del caso del inválido Facundo

El camino para Facundo se fue abonando desde que aparentó ser un infante débil según la comadrona, y los padres en ese sentido fueron condicionando su debilidad con un trato especial.

Por tanto una actuación de los padres, en la que habrá un dramatismo importante puede sellar en un dependiente infante una autopercepción de vulnerabilidad que mantendrá un temor o ansiedad a lo que ha sido determinado por la "naturaleza" misma.

Aristóteles en su libro *Poética*, capítulo XV, dice: "En efecto, es posible que el miedo y la compasión surjan del espectáculo, pero también de la trama misma de los hechos –lo cual es preferible y propio del mejor poeta–. Y es que el argumento debe estar trabado de tal modo que, aun sin verlos, el que oiga el devenir de los hechos se horrorice y sienta compasión por lo que acontece; y esto es lo que sucedería a quien oyese el argumento de Edipo (pág. 67, 2007)".

"En cambio, perseguir esto mediante el espectáculo es menos artístico y conlleva gastos.

Y aquellos que pretenden suscitar mediante el espectáculo no el terror, sino lo atroz, nada tienen que ver con la tragedia; pues no se debe buscar placer a doquier en la tragedia, sino tan sólo el que es propio de ella" (Ídem).

En ese mismo sentido, Freud arguye que "la poesía épica sirve en primer lugar a la liberación de los sentimientos intensos, pero simples, como en su esfera de influencia lo hace también la danza. Cabe afirmar que el poema épico facilita particularmente la identificación con la gran personalidad heroica[15] en medio de sus triunfos, mientras que del drama se espera que ahonde más en la posibilidades emocionales y que logre transformar aún las más sombrías amenazas del destino en algo disfrutable, de modo que representa al héroe acosado por la calamidad, haciéndolo sucumbir con cierta satisfacción masoquista" (pág. 1273).

"En efecto, podríase caracterizar el drama precisamente como esta relación suya con el sufrimiento y con la desgracia, ya sea que, como en la comedia dramática, se limite a despertar la ansiedad para aplacarla luego, ya sea que, como en la tragedia, el sufrimiento realmente sea desplegado hasta sus términos últimos" (Ídem).

Sin embargo. Freud ha tocado aquí cómo se va a elaborar también la cura desde la misma trama, y sigue: "es indudable que este significado

---

15 *Esta influencia también va a incidir positivamente en la cura, luego que se pase al contrapeso que ejerce el curandero frente a los que sentencian con la maldad.*

del drama guarda cierta relación con su descendencia de los ritos sacrificales (el chivo y el chivo emisario) en el culto de los dioses: el drama aplaca, en cierta manera, la incipiente rebelión contra el orden divino que decretó el imperio del sufrimiento". (Ídem) De manera que el drama tiene doble función: por un lado lleva a vulnerabilizar a Facundo en su niñez, puesto que la partera observa una debilidad que lo marca para un "padecer importante" si no se le cuida de especial manera; y los padres aportan sus cuotas a tan importante determinismo, como ocurre cuando se exceden con el cuidado, como se dice en buen dominicano –para que falte, que sobre–.

Y así no habrá posibilidad de que ocurra el maleficio. Por otro lado, la misma fuerza del drama va a permitir que se realice la cura en el padecimiento de las extremidades inferiores.

Sin embargo, habría que ver *cómo se forma el síntoma de la parálisis y cómo influye el temor*.

En ese sentido, dicen Barlow y Durand: "el temor activa nuestro sistema cardiovascular. Los vasos sanguíneos se constriñen, lo que aumenta la presión arterial y disminuye el flujo de sangre hacia las extremidades (dedos, manos y pies). El exceso de sangre se dirige a los músculos del esqueleto, en donde permanece disponible para los órganos vitales que quizá se necesiten de emergencia. Con frecuencia, da la impresión de que las personas se pusieran blancas de miedo; esto es, palidecen como de un flujo sanguíneo menor en la piel. Temblar de miedo y estar con los pelos de punta pueden ser consecuencias del estremecimiento y la pilo erección (en la que el cuero cabelludo permanece erecto); reacciones que se conservan en el calor cuando los vasos sanguíneos están constreñidos" (pág. 61, 2001).

Según la cita anterior, una reacción de miedo concentra la sangre probablemente donde más se necesite por un mecanismo evolutivo. También estaríamos hablando de un tipo de conversión histérica, donde el síntoma es representado por la funcionalidad de una parte del cuerpo. Según Fenichel, "las parálisis motora es la defensa con una acción. Vale decir, contra un acto sexual infantil censurable. La parálisis histérica se halla acompañada habitualmente de un aumento en el tono. Esto representa a la vez una seguridad contra el acto sexual censurable y un sustituto deformado del mismo. Los equivalentes masturbatorios histéricos adoptan a menudo esta apariencia. Las circunstancias históricas y el grado de la complacencia somática son los factores que deciden qué parte especial de la musculatura se verá por la parálisis. En cuanto a esta clase de síntomas, se afirma que aparecen con más frecuencia en el lado izquierdo del cuerpo que en el derecho.

Esto puede explicarse, como lo sugirió Ferenci, por la idea de que el lado izquierdo del cuerpo es más accesible, en general, a las influencias inconscientes que el lado derecho, porque, salvo el caso de los zurdos hay menos interés consciente en el lado izquierdo" (pp. 2058-259, 1997).

En cuanto a la cura, según lo ocurrido, ha existido un acto de magia curativa, cuando el curandero la ha realizado un contra del hechizo. Y según los datos que conseguimos en Freud y en autores más contemporáneos estas creencias también pueden ocurrir en sociedades más desarrolladas. En ese sentido, Ember y Peregrine acatan: "la magia puede involucrar la manipulación de lo sobrenatural para bien o para mal. Muchas sociedades tienen rituales mágicos diseñados para asegurar buenas cosechas, el aumento de presas para la caza, la fertilidad de los animales domésticos y la ayuda para curar enfermedades en los seres humanos.

Tendemos a asociar la creencia en la magia a sociedades y culturas más primitivas que la nuestra. Pero alrededor de 80.000 personas de EE. UU. se toman la magia muy en serio. Muchas proclaman ser brujas. Comprender por qué la magia en nuestra propia sociedad gusta a unos individuos pero no a otros, nos podría ayudar a dilucidar por qué es una parte importante de las conductas religiosas en muchas sociedades" (pág. 541, 2008).

La señora de la empalizada

Este es un caso de una dama que estuvo emparentada con el señor Ramírez, quien no ha dejado de comentarlo desde su Neiba natal. Municipio al suroeste de la República Dominicana

La señora Betty no paraba de decir que tenía un santo que llegaba y no pasaba de esa empalizada porque había sido hecha con palos de santos.

Betty tiene una belleza que tienen pocas féminas del globo. En ese sentido, probablemente un comentario de muchos incidió en la subida altivez que poseía. "Esta es elegante, bonita, de una mirada encantadora y que hace derretir a quien se le cruce por el lado", dice el susodicho.

"Con alguien así cualquiera cae preso y empeña todo lo que tiene para darle y realizarle cada uno de sus caprichos... no quisiera yo un premio como ese", según Ramírez.

Todos los días rezaba arrodillada en el mismo sitio más de tres horas a partir de las seis de la mañana y dejaba un ramo de flores silvestre que cada vez recogía para el mismo fin.

Betty tenía su familia compuesta por siete hijos de los cuales existían algunas que otras historietas producto de una moda familiar que consistía en salir embarazada de un hombre y adjudicárselo a otro que estuviera disponible y con el cual no se corriera peligro de que pueda revelar la historia o tal vez que no fuera muy investigador.

Esto al parecer no era bien visto en algunos miembros de la familia y otras personas del pueblo que conocían la dinámica de esos eventos extracurriculares.

Nicasio, el hijo mayor de la dama, supuestamente era hijo de un guardia procedente de San Pedro de Macorís (provincia cabecera del este del país), y que estuvo de puesto en los años 70 en el apogeo de la gestión del excelentísimo presidente de la República Dominicana: José Joaquín Balaguer, líder y fundador del Partido Reformista Social Cristiano.

Además el único cortesano de la era del dictador Rafael Leónidas Trujillo y de quien se dice "el jefe", sentía temor, puesto que no se les conocían novias, amigos, defectos, vicios… y en ese tenor el dictador solo podía decir y preguntarse: "¿y qué hombre el diablo es este?". Según el profe sor uasdiano Jesús, estudiante de la Escuela hostociana y de Literatura Universal. Se dice que el esposo de Betty da hijos lavaditos (mulatos o negros refinados, o como dice el cantante Johnny Ventura, "que vota miel por los poros"), puesto que es un hombre elegante y simpático. Según el protagonista y conocedor de la verdadera historia, al parecer. "a ésta mujer le gustan las braguetas calientes". Como solía decir Trujillo de Porfirio Rubirosa.

Después de algunos años, cuando tuvieron más vástagos, Betty, mujer dominante y natural según la teoría de los acordes primarios y que sugieren cambios en la música; algunas voces del pueblo prendieron sus llamas en cuanto a las creaciones de historias en torno a esa encantadora mujer

de un lugar muy próximo a donde nació la Reina del Tecnicolor: María Montes. Se decía que su esposo era un "mamita" y que ella era una sabandija y conquistadora de hombres, entre otras cosas más calientes; curiosamente quienes más inventaban y comentaban acerca de las cualidades erróneas de Betty fueron en otros tiempos sus mejores amigas y quienes más la admiraban, queriendo parecerse a ella. Tal vez en su histrionismo y obsesivo andar, vestir y mirar. Se decía que ella misma preparaba sus encantadores perfumes, puesto que conocía a un especialista que habitaba más allá de Jimaní (provincia del suroeste profundo y fronterizo con el pueblo hermano de Haití).

No es de dudar que una mujer así enarbola las mejores fantasías de los parroquianos, ávidos de experimentar cómo se siente poseer una hembra como esa, y de la que nadie puede resistirse a su glamour. Decía ella que nada de eso le hacía daño, "pero tanto da una gota de agua en una piedra que termina rompiéndola", según Ramírez.

Un buen día, empezó su gran síntoma, de súbita aparición. La invadió de manera tal que desde ahí fue muy poco lo que se pudo hacer para normalizar a la encantadora dama. Al parecer la ganancia primaria del síntoma era más importante que cada una de las historietas que a partir de ahí cesaron, nadie más se atrevía a seguir comentando de igual forma los relatos y motes o estigmas anteriores.

En ese sentido, ocurrió una transformación en todo el repertorio que había caracterizado a la radiante y asfixiante reina de una belleza tal vez poseída por Nefertiti en su Egipto de su faraón Akenaton. Nadie la vio andando torcido o realizando aquellas aventuras odiseicas que tanto se les adjudicaban, pero se decía que estaba pagando su calentura de esta manera, y que, quien más gusta tiene que pagar una cuota muy alta por sus encantos y favores.

Análisis del caso de la mujer de la empalizada

Existe un merengue muy famoso precisamente de los sesentas o setentas que al parecer tiene un vínculo relacional con la historia. Interpretado supuestamente por Morel, cantante de la Orquesta Santa Cecilia.

> *Dime niña quién te besó a la orilla de la empaliza.*
> *Dime niña quién te besó a la orilla de la empaliza,*
> *Si tu madre tuvo la culpa o tu papá tuvo mucho más,*
> *Si tu madre tuvo la culpa o tu papá tuvo mucho más.*
> *Coro: ay, ay, ay a la orilla de la empaliza,*
> *Ay, ay, ay, a la orilla de la empaliza.*

Es claro que el síntoma expresa una penitencia por culpabilidad probablemente inconsciente. Y obviamente estamos ante un síntoma obsesivo-compulsivo donde ha habido una escisión de la consciencia por un acto vergonzoso.

Fenichel dice "la regresión al sadismo anal no solo ha modificado al yo, cuyo sadismo y ambivalencia ahora se dirigen tanto al superyó como a los objetos externos. Ha modificado también al mismo yo, de manera que este se hace más sádico y ostenta rasgos automáticos y arcaicos, tales como el de obrar de acuerdo con la ley del talión y obedecen a las reglas de la magia de las palabras. El sadismo del superyó, resultante de la regresión, aumenta tanto más cuanto más refrena el yo su regresión dirigida al exterior. Cabría suponer que una persona severa consigo misma y no agresiva hacia el exterior, podría estar refrenando su agresión a causa de esta misma severidad, pero en realidad, el bloqueo de la agresión es primario y la severidad del superyó secundario.

El sadismo, al no ser dirigido más contra los objetos, es derivado al interior bajo la forma de agresión del superyó contra el yo. La moralidad exigida por el arcaico del superyó del neurótico obsesivo es una pseudomoralidad automatizada, caracterizada por Alexander como la corruptibilidad del superyó" (pág. 332, 1997).

"Si el yo hace una concesión a un impulso instintivo, debería prestarse de exigencias de expiación, una vez cumplida la expiación, el yo puede hacer uso del acto de expiación como una autorización de embarcarse en nuevas transgresiones" (Ídem).

Es importante definir el sentimiento de culpa que motiva el síntoma, el cual según Laplanche y Pontalis es un "término utilizado en psicoanálisis con una acepción muy amplia.

Puede designar un estado afectivo consecutivo a un acto que el sujeto considera represible, pudiendo ser la razón que para ello se invoca más o menos adecuada (remordimientos del criminal o autorreproches de apariencia absurda), o también un sentimiento difuso de indignidad personal sin relación con un acto preciso del que el sujeto pudiera acusarse.

Por lo demás, el sentimiento de culpabilidad se postula en psicoanálisis como sistema de motivaciones inconscientes que explican comportamientos de fracaso, conductas delictivas, sufrimientos que se inflige el sujeto, etc.

En este último sentido, la palabra *sentimiento* sólo puede utilizarse con reservas, ya que el sujeto puede no sentirse culpable a nivel de la experiencia consciente" (pág. 397, 1974).

"El sentimiento de culpabilidad fue encontrado al principio, sobre todo, en la neurosis obsesiva, en forma de autorreproches, de ideas obsesivas contra las que el sujeto lucha porque le parecen represibles, y por último en forma de vergüenza provocada por las mismas medidas de protección.

Ya a este nivel se puede observar que el sentimiento de culpabilidad es, en parte, inconsciente, en la medida en que la naturaleza real de los deseos que intervienen (especialmente agresivos) es ignorada por el sujeto" (Ídem).

"El estudio psicoanalítico de la melancolía debía conducir a una teoría más elaborada del sentimiento de culpabilidad. Ya es sabido que esta afección se caracteriza especialmente por autoacusaciones, autodesprecio y tendencia al autocastigo, que puede conducir al suicidio.

Freud muestra que existe aquí una verdadera escisión del yo entre acusador (superyó) y acusado, escisión que es el resultado, por un proceso de interiorización, de una relación intersubjetiva: '[...] los autorreproches son reproches contra un objeto de amor, que se invierten desde este hacia el propio yo'" (ídem).

La explicación ante el síntoma de la dama es más que convincente. Sin embargo, se desconoce en este caso la cura, si aparte del síntoma neurótico hubo una cura por la sugestión del curandero puesto que este tipo de neurosis es más compleja y por tanto estos sujetos se entregan a una religiosidad incesante.

Se le comieron las orejas

En esta y otras historias, que tienen sus cuentistas en las aulas universitarias como parte de las prácticas de psicopatología. Trataremos de seguir provocando la reflexión del lector curioso y tal vez reconocer que muchos de los dramas que se viven en la actualidad pudieran ser dignos representantes de sugestiones, como presentan esos autores de alta impronta en la filosofía, psicología, antropología y medicina.

Claudio Suero era nativo de Padre las Casas un Municipio de la Provincia de Azua al sur de la República Dominicana y un agricultor que también criaba gallinas ponedoras de huevos. Su parcelita o tierrita para sembrar tomates y berenjenas, entre otros cultivos, servían de sustento a su familia compuesta por dos esposas que vivían muy próximo en casas separadas y donde al parecer sus dieciséis hijos tenían una labor ardua cada día de llevar a pastar al ganado, y ayudar al padre en su función de agricultor.

Los campesinos tienen muchos conocimientos empíricos de astronomía simple, puesto que sus experiencias les llevan a adquirir los mismos. No había algo relacionado con el tiempo, las nubes, y las estaciones que no supiera Claudio, y su tierra era, según sus compadres y amigos, la más linda y paridora de todas, por lo que su economía a pesar de tener una familia numerosa, era muy buena, y le daba para tomarse sus traguitos y de vez en cuando, para hacerle el favor a unas y otras féminas en algún baile o fiesta de esas que se realizaban a menudo en la zona.

Un día salió a buscar un ayudante para sustituir a su hijo Mariano que se iba para la capital a seguir sus estudios de Veterinaria o Agronomía y se encontró frente a frente a un buey salvaje y extraño, que le fue encima y este al no tener más que su machete, pensó que podía ser cachado y aniquilado por el animal salvaje, entonces optó por subirse rápidamente a un árbol de Ceiba del cual se cree tiene algún vínculo con el Ángel caído, que no pudo soportar el poder de dios. Dice Mariano que vio en el buey un diente de oro, y esto es un indicio de que este animal no era normal, era un vacá (especie de engendro satánico).

Según Claudio, era la envidia de muchos agricultores, porque sus cultivos se les perdían con la seca o la inundación del agua, puesto que se pasaban de mojar sus tierras. Mientras él tenía un canalito de reguío, que pasaba muy cerca de su parcela y eso no era bien visto por sus camaradas.

El encuentro de Claudio y el animal extraño se produjo a las seis y media de la mañana, y ya eran las seis de la tarde y no llegaba a su casa, por lo que fue preciso que le fueran a buscar ya que se temía lo peor.

En los campos nunca no se sabe cuándo va a ocurrir un enfrentamiento con algún animal salvaje o un desconocido transeúnte de tierras lejanas, que se pudiera estar escondiendo de las autoridades por algún crimen cometido.

Cuando su familia le halló, la alegría retornó a las tristes familias que anhelaban ver su padre fuerte y sano.

Se reunieron todos los hijos y las esposas para escuchar el relato de Claudio y todos quedaron atónitos por saber cómo hábilmente este se pudo escapar de ese buey satánico que algún envidioso había preparado para derrumbar el imperio del laborioso y triunfador campesino.

—Uno nunca sabe con qué se va a encontrar, compadre Picho, ya "jasta[16]" que a uno le vaya bien es peligroso, y yo, un hombre que le gusta ver sus hijos comiendo mucho arroz con habichuela y tal vez una

---

16 *Expresión sustitutiva de "hasta que".*

berenjenita y aguacatico de los que uno ha sembrado, eso no le gusta a algunas gentes —decía.

—Yo le recomiendo a usted que se dé una cruzadita por el compa "Moncho" el brujo de la Siembra (una sección del Municipio).

Moncho era un hábil campesino que en una ocasión, en la que araba su tierra encontró la parte de la cabeza de una calavera, y pensó que esto le podía ayudar a ganarse sus chelitos. Desde ahí su fama de brujo se extendió por toda la provincia y su economía creció considerablemente, y ningún "importante sujeto" que lograba éxito en sus negocios, así fueran de la música, lo dejaba de visitar.

Cuentan que hasta el éxito de un artista famoso de merengue era producto del "Gran Moncho", quien comenta que: —si aparece un brujo más sabio que yo en la provincia y hasta en Haití ¡me quito el nombre!

—Usted cree que al bachatero, un tal "Mayimbe", la cosa le ha salido bien porque él nació como la auyama… eh, con la flor en el culo.[17] El mismo Trino Sierra que canta una supuesta "Bachata de Flores", sabe que tuvo que santiguarse —cuenta Moncho.

—Bueno, voy a sacar el tiempo para ver qué me dice el tal Moncho, yo sé que él trabaja con lo bueno y con lo malo.[18] Pero nada e buena.[19] Primero tengo que reunir unos chelitos cuando venda el ¡cafecito! que va subiendo bonito —comenta Claudio. A propósito del cafecito de Claudio, el gran cantautor Juan Luis Guerra, en su canción "Ojalá que llueva café", cuenta parte de la realidad que vive el campesino y busca la comprensión de sus mejores anhelos.

---

17 La flor de auyama queda según los agricultores, abajo y de manera sencilla le bautizaron como se comenta en las supuestas palabras de Moncho.
18 Se dice en la cultura dominicana esta con lo "bueno y malo" para simular a dios y al diablo. O alguien que se la sabe jugar toda, resaltando algún tipo de habilidad.
19 Expresión de la cultura de los campesinos que afirma que nada se logra fácilmente con el "limpio corazón" o éticamente.

Ojala que llueva café en el campo… Pa´ que tó los niños canten en el campo.

Al cabo de poco tiempo empezaron las pesadillas y un mal humor le acompañaba siempre. Su familia estaba preocupada porque un hombre tan bueno no podía ser abandonado por dios quien era el más grande y no había maldad que se resistiera a la justicia divina.

—Ya ni abraza su potranca favorita y ni hace los cuentos favoritos que le gustan a sus esposas. Comenta una de sus hijas.

—Ay, Juanica, ven a ver mi oreja, parece que un ratón me la está comiendo… pero ¡bueno! ¿Claudito no le echo el veneno que yo preparé? —replica el susodicho.

—Tú sabe que ese muchacho e como depitao[20], búscale un plato de arroz y ahí tú lo tienes sentao to el tiempo, pero dile que haga algo al jaragán[21] ese y se pone como catrivoliado[22] —explica su primera esposa, Juanica.

—Cuando uno va de mal en peor nadie le "guiña" un ojo y jasta los hijos lo desobedecen —mal humorado, Claudio expresa. Sin embargo, los ratones al parecer estaban extinguidos porque su hijo había echado el veneno y no salían desde el año pasado. A partir de ese malestar la alarma de toda la familia se activó y el miedo se adueñó de muchos y solo se hablaba del mismo evento.

Ese trabajo fue tan grande que hasta las orejas se la están comiendo —comenta su compadre Apolinar.

---

20 *Confundido; camina en las nubes.*
21 *Expresión que sustituye a la de holgazán.*
22 *Expresión que se utiliza para describir alguna condición privilegiada de los provincianos de Barahona. Esta quiere decir "rebelde y desorientado" en cuanto existe algo fuera de lo que le pudiera parecer adecuado.*

—Mire, Juanica, busque y busque lo que le puede ayudar al compadre porque eso é más serio de lo que yo pensaba.—Ay, dio mío si yo pudiera vender un ovejito de esos —se decía la esposa.

—Yo tengo unos chelitos disponibles, se los traigo y me lo paga cuando se termine la cosecha.—Se lo voy a agradecer mucho, compadre —le dice.

Por otro lado, sus parientes no cesaron de visitar curanderos y médicos para contrarrestar el padecimiento de Claudio que cada vez se tornaba más resistente, tanto a los fármacos como también a los ungüentos y remedios de los curanderos que habían visitados incluyendo a Moncho.

Moncho no se quitó el nombre como se jactaba ante sus clientes que eran numerosos, pero reconoció que un maestro en brujería había hecho ese trabajito que ni siquiera él podía resolver.

Claudio se sentía desesperado y triste, puesto que había caído al parecer en una depresión. No se levantaba casi de su cama y vivía ofreciendo al dios todo poderoso que de curarse de esas orejas que le *dislucían su buen parecido,* y ya casi ni le daba ganas de salir a bailar, reconociéndose como el gran bailarín de todo ese paraje.

Y no quería que le vieran las mujeres, que siempre elogiaban sus buenos aromas y vestimenta, además que tenía un reloj Orient cinco estrellas, que solo lo usaba en el país el dictador Rafael Leónidas Trujillo y tal vez alguien que se pudiera encontrar uno, que en algún momento quizá lo habría perdido un gringo cuando andaban por ahí buscando a los gavilleros por esas Sierras difíciles.

Pero Claudio no se daba el lujo de perder el orgullo que lo presentaba como "Macho Cabrío" e hijo de un hombre elegante y Alcaide en los tiempos de Lilís.[23]

---

23 *Así le llamaban al dictador puertoplateño Ulises Heureaux. Quien era creyente fiel en las prácticas fuera de lo que se le atribuye a dios. Este tenía su brujo personal y quien podía informarle de los enemigos, y el hacedor del "resguardo" con el cual ninguna bala podía penetrarlo.*

—Entonces yo voy a seguir buscando coño, un curandero de dios y le haré otro trabajito a quien me hizo esto a mi Don Claudio Suero, hijo del Alcaide de Lilís, Obispo Suero, ¡carajo! —comentaba el sufrido agricultor.

Sacó sus últimos vestigios de fuerzas que le quedaban porque al parecer las motivaciones y palabras nobles de sus allegados lo habían impactado grandemente.

Visitó un renombrado curandero de los lados de Elías Piña (otra provincia fronteriza de la región sur).

Ese al parecer tenía un poco más de tacto y persuasión que los demás colegas, y se ofreció a curarlo sin que este pagara un solo centavo, hasta que no viera resultado. Cosa que alentó a Claudio y dijo inmediatamente: —¡Viva el jefe! Que yo voy pa' lante.

Ese día llegó a su casa cantando una canción que hace alusión a dios y sus santos.

—Bueno, mi pay, usted está mucho más mejor y yo misma le voy a cocinar un buen sancocho como a usted le gustan —alegremente articuló su linda hija María.

—Mi compa tá mejor carajo... échese un traguito compadre que el mismo dios brindó vino con tó lo suyo. Y nosotros somos de él.

Al poco tiempo no se sabe cómo pero la salud de Claudio mejoró y puso como sobrenombre "el hijo de Dios y la Virgen de Altagracia".

—¡Fiesta carajo y mañana gallo! Y que me diga alguien quien tiene ¡mieo![24]

---

24 Miedo.

Análisis del hombre que se le comieron las orejas

Definitivamente aquí se vuelve a repetir una historia de sugestión y creencias que provocan síntomas de conversión y también ataques al sistema inmunológico directo, puesto que ante la representación del engendro del demonio conocido como "el vacá" las cosas tenían unos matices que recuerdan el fenómeno de la muerte vudú, estudiado por Cannon.

"Estos tipos de personajes en la cultura se conocen como galipotes, que de acuerdo a la creencia popular los brujos o curanderos tienen la capacidad, por encargo de convertir a las personas en animales para su protección, o para ellos mismos realizar mejor su trabajo; estos por la magia pueden escapar cuando los están buscando gracias a la capacidad del mimetismo de asumir diferentes formas de animales, de ser inmunes a filos de puñales, cuchillos, machetes y balas, así como la acción de oraciones y resguardo" (Tejeda Ortiz; Domínguez; Castillo Méndez, 2000).

Aquí nuevamente estamos ante un síntoma de conversión u órgano neurosis.

Definiremos la conversión según Laplanche y Pontalis como: "Mecanismo de formación de síntomas que interviene en la histeria y, más específicamente, en la histeria de conversión.

Consiste en una transposición de un conflicto psíquico y una tentativa de resolución del mismo en síntomas somáticos, motores (por ejemplo, parálisis) o sensitivos (por ejemplo, anestesias o dolores localizados).

La palabra conversión corresponde en Freud a una concepción *económica:* la libido desligada de la representación reprimida se transforma en energía de inervación. Pero lo que caracteriza los síntomas de conversión es su significación *simbólica:* tales síntomas expresan, a través del cuerpo, representaciones reprimidas.

El término 'conversión' fue introducido por Freud en psicopatología para designar este 'salto de lo psíquico a la inervación somática', que él mismo consideraba difícil de concebir. Esta idea, nueva a finales del siglo XIX, adquirió, como es sabido, una gran difusión, especialmente con el desarrollo de las investigaciones psicosomáticas" (pág.19, 1974).

"Por ello es necesario delimitar, en este campo actualmente tan extenso, lo que puede adscribirse más específicamente a la conversión; por lo demás, hagamos observar que tal preocupación ya la sintió Freud, sobre todo en la distinción entre síntomas histéricos y síntomas somáticos de las neurosis actuales.

La noción de conversión surgió con motivo de las primeras investigaciones de Freud sobre la histeria: donde primeramente se encuentra es en el caso de Frau Emmy Von N... de los *Estudios sobre la histeria (Studien über Hysteric,* 1895) y en *Las psiconeurosis de defensa (Die Abwehr-Neuropsy chosen,* 1894). Su sentido primario es económico: se trata de una energía libidinal que se transforma, se *convierte,* en inervación somática. La conversión es correlativa al desprendimiento de la libido de la representación, en el proceso de la represión; la energía libidinal desprendida es entonces '[...] transpuesta a lo corporal'" (ídem).

"Esta interpretación económica de la conversión es inseparable, en Freud, de una concepción simbólica; en los síntomas corporales, 'hablan' las representaciones reprimidas, deformadas por los mecanismo de la condensación y del desplazamiento" (ídem).

Frazer explica una historia que guarda una relación con esta y explica un tipo de magia que envenena: "En la mayoría de las aldeas populosas vivía un miserable degradado, lo peor de lo peor, que ganaba su triste pitanza sirviendo a los impuros. Cubierto de harapos, embadurnado de pies a cabeza con ocre rojo y pestilente aceite de tiburón, siempre solitario y silencioso, por lo general viejo, macilento y marchito, con frecuencia medio loco, podía vérsele sentado e inmóvil todo el día apartado del camino común y vía pública de la aldea, contemplando con ojos apagados los atareados quehaceres en que jamás tomaría parte" (pág. 245, 1981).

"Dos veces al día le arrojaban al suelo, ante él, una limosna de comida que tenía que masticar como pudiera sin el uso de las manos, y por la noche, arrebujado en sus mugrientos andrajos, se arrastraría hasta algún cubil miserable de hojas y desperdicios, donde sucio, frío y hambriento, dormitando inconexas pesadillas de espíritus embrujados, pasaría una noche mísera como preludio de otro día miserable.

Este era el único ser humano que se juzgaba conveniente asociar a distancia del brazo con el que pagaba los últimos servicios de respeto y amistad al muerto" (ídem).

Aquí se puede observar claramente la representación del síntoma que se convierte en una imposición real de una penitencia, que llevaba un esfuerzo para comer y por tanto no es necesario que el inconsciente juegue un papel de cobranza.

Aún con esta explicación es necesario aclarar lo que obedece al problema de las orejas que tenían algún tipo de hongos. Que los médicos no pudieron curar.

En ese sentido, debemos apelar a la teoría del estrés; el cual produce un cese en el sistema inmunológico, "el sistema inmunológico es uno de los sistemas más complejos del cuerpo. Su función es proteger de las infecciones; debido a que los órganos e infecciones han desarrollado *trucos* durante el proceso de evolución, el sistema inmunológico también ha desarrollado estrategias de defensa propias. La descripción proporcionada aquí es breve y ha sido simplificada, pero proporciona un poco de revelación para comprender algunos de los elementos fundamentales del sistema.

El sistema inmunológico se deriva de los glóbulos blancos que se desarrollan en la médula ósea y la glándula del timo. Algunas de las células que vagan por el sistema sanguíneo o linfático; otras residen en

55

forma permanentemente en un solo lugar. La reacción inmunológica ocurre cuando el cuerpo es invadido por organismo externos" (Carlson, pág. 331, 1996).

Ante el estrés, el sistema inmunológico se bloquea y llegan las infecciones.

"Una amplia variedad de acontecimientos productores del estrés en la vida de una persona puede elevar la susceptibilidad, las enfermedades" (ídem).

Según una investigación: "Los estudiantes de medicina debido a niveles altos de estrés en períodos de exámenes son más propensos a contraer infecciones" (Glacer et al. 1987 1-20).

Por tanto, desde esta teoría se puede deducir que algún tipo de hongo... quizá autoinmune, estaba produciendo la laceración de las orejas.

Perdió la vagina

Se encontraba en una fiesta un vecino que había sido designado por Trujillo como su representante en el pueblo. Este tipo de reunión era obligatorio, puesto que quien se negaba al llamado de ser un elegido de honor del dictador en cualquier lugar del país, era considerado como enemigo de la "Patria" y eso había que evitarlo de cualquier manera.

Para esta fiesta se habían seleccionado a las damas más hermosas del lugar además de las personas más distinguidas. Con las que le gustaba contar el dictador, quien parece tenía complejo de megalomanía sustentado en un temor inconsciente a representar su origen humilde y de clase baja.

Por tanto se jactaba de tener alguna descendencia española por parte de su madre, etc.

Antes de seguir relatando la historia vale la pena describir un poco de quién se trata la joven protagonista de la historia.

Yudelka era hija de una de las familias más importante del pueblo, quienes producían leche y queso de calidad.

Era una dama tímida que en la infancia sufría de algún tipo de condición de temor o fobia que le imposibilitaba para caminar y según sus vecinos le daba la "tantara".[25]

Sus condiciones físicas eran bien vistas para enaltecer cualquier actividad de las que tuvieran que ver con el "jefe" en el pueblo.

---

25 *Algún ataque epiléptico u otro tipo de ataque histérico.*

En ese tiempo, los padres de hijas con cierta apariencia elegante que pudiera resaltar la figura o su hermosura temían que el dictador las eligieran para pasar una noche o para desflorarla; otros preferían ofrecerlas con tal de que sus hijas les pudieran conectar con el generalísimo. Y así poder ganar algún puestecito en algo importante. Yudelka no tenía dentro de sus hobbies el disfrute festivo, puesto que era muy consagrada a las cosas de la iglesia. Además de su marcada timidez.

A los dieciocho años nadie le había conocido un amiguito con quien compartir palabras sanamente, ni siquiera de los miembros de la iglesia. Solo se le escuchaba rezar y estudiar sus materias de la secundaria.

Su dios era quien podía decidir qué haría ella con su vida y si era posible le dedicaría su vida solamente a dios.

Encontrándose en la fiesta de repente le enviaron un papelito que la elegía a ella para conocer al "generalísimo" en persona y debía agradecer por tan digna distinción.

La reacción de Yudelka no se hizo esperar; a partir de ese momento un nerviosismo se apoderó de la adolescente, y su familia alertada de una ocurrencia como esa, presintieron lo peor.

Dice el señor Andrés M.: —Trujillo bajó de la capital para realizar una de sus actividades en el pueblo y yo en ese tiempo estaba chiquitico. ¡Y decían!... y decían que iba en un caballo ya que él tenía una Hacienda en las afueras del pueblo. Y pasando por el lado de un señor que lo miró a los ojos, este cayó "muertecito" de inmediato... algo tenía en la mirada que hasta con la misma él podía matar —cuenta el señor.

Nadie podía imaginar que la joven Yudelka siendo una de las más hermosas del pueblo pudiera sentir algún repudio en asistir a la "Residencia" del dueño del país.

Sin embargo, desde el momento de saber de la ¡tan agradable! noticia un pensamiento le inundó súbitamente, y el cual repetía entre dientes: —perdí mi parte, perdí mi parte[26], perdí... perdí eso, ¡o dios!

A partir de la repetida oración también aparecieron unas convulsiones que le habían ocasionado un desastre con su vida y no se comprendía lo que había pasado con la joven para que acaeciera ese acontecimiento que había mermado su salud.

Sus padres indagando en su estado le preguntaban: —¿Quién te hizo tanto daño para que regresaras de esa fiesta con tal malestar?

Fue llevada de inmediato al médico del pueblo quien indagando lo ocurrido se negó a tratarla por miedo a que le ocurriera algo malo a él y a su familia.

Otros tampoco quisieron tratarla.

No quedó más remedio que visitar a los curanderos y esta se negaba porque dios no lo veía bien que un feligrés fuera visto por algún satánico curandero.

Se le realizó un exorcismo en la parroquia y tampoco produjo ningún bienestar.

Luego volvió un lugarteniente por su casa e hizo una advertencia a la familia y exhortó al padre hacer algo antes de que se produjera la fiesta para que no pasara algún incidente lamentable.

No se sabe si alguna desgracia ocurrida al representante de Trujillo en el pueblo había sido producto de lo ocurrido con la dama.

Dicen que a oídos de Trujillo llegó dicha historia y se empecinó en conocer a la dama.

---

26 Así nombran los prudentes y moralistas sujetos de la cultura a la vagina como también al aparato genital masculino.

Cuando se produjo dicho encuentro, esta adquiriendo otra personalidad alertó al reputado hombre diciéndole algo que tenía que ver con un dios que se negaba a que ella visitara a algún señor, que violentara las leyes divinas y si a ella le había *quitado su vagina siendo devota y fiel* desde que tiene uso de razón, ¿qué no haría con alguien de menores hábitos?

Sin embargo, Trujillo, quien era después de Dios, el "Otro" dios de los dominicanos, y también tenía algún temor a Dios y él no podía ser tan fuerte que desafiara al primer dios, quien se apoderó de la personalidad de la muchacha y parece que hasta el dictador la obedeció.

Queda registrado en un poema que dios era tal vez obedecido por Trujillo. Ese poema escrito no se sabe por quién... espero saberlo en algún momento. Sin embargo, era costumbre que la gran mayoría de hombres de letras escribieran a favor de Trujillo y la dictadura, para salvarse a sí mismo y a su familia también o para conseguir una limosna.

Según mi padre, se recitaba siempre al entrar a la escuela. En la "Era de Trujillo".

Y dice como sigue:

Bandera dominicana que bendita esta nación
Vino la ley de Trujillo y salvó esta situación
Dice el general Trujillo en este siglo que estamos
El que no muere queda loco
Si dios no mete su mano.

No se sabe qué ocurrió en este caso pero se cree que no se siguió comentando del mismo por petición del mismo dictador.

Algunos creen que esta muchacha que se salvó del dictador por su especie de locura como ocurría con algunos presos políticos como comenta Díaz autor del libro autobiográfico *En las garras del Terror* que relata momentos difíciles por los que pasaron un grupo de sujetos vinculados de alguna manera u otra al magnicidio.

Nota: a pesar de que a lo largo de mis años he venido escuchando muchas historia de Trujillo y Lilís, entre otras que obedecen a la religiosidad popular, y una serie infinita de costumbres que explican comportamientos y pensamientos que se repiten en muchos individuos, quise saber a cerca de lo que muchas personas creían a través de relatos de estudiantes y personas que he entrevistado en diferentes lugares del país.

Parece ser que más adelante y después de la muerte del dictador la muchacha dejó de presentar los síntomas. Hubo tal vez una remisión.

Análisis de la muchacha que perdió su vagina

Estamos ante un caso de una caracterización muy similar a otros que hemos analizados y en ese sentido cabe revisar algunas literaturas que ayuden a explicar la dinámica de la complejidad manifestada.

En el manual de los trastornos mentales se puede apreciar que la salud sexual tiene una significación especial en la cultura o es influenciada por esta. "El juicio clínico sobre la presencia de un trastorno sexual debe tener en cuenta la raza, la cultura, la religión y el entorno social del individuo, ya que pueden influir en el deseo sexual, en las expectativas y en las actitudes sobre la actividad sexual. Por ejemplo, en algunas culturas se da menos importancia al deseo sexual de la mujer (especialmente si la fertilidad es la preocupación principal) (DSMIV, 507, 1995).

En este caso también hubo una castración manifiesta con las palabras que hacían alusión a la pérdida de la parte o el sexo.

La castración propiamente dicha es definida como el 'Complejo centrado en la fantasía de castración', la cual aporta una respuesta al enigma que plantea al niño la diferencia anatómica de los sexos (presencia o ausencia del pene): esta diferencia se atribuye al cercenamiento del pene en la niña.

La estructura y los efectos del complejo de castración son diferentes en el niño y en la niña. El niño teme la castración como realización de una *amenaza* paterna en respuesta a sus actividades sexuales: lo cual le provoca una intensa *angustia* de castración. En la niña, la ausencia de pene es sentida como un perjuicio sufrido, que intenta negar, compensar o reparar.

El complejo de castración guarda íntima relación con el complejo de Edipo y, más especialmente, con su función prohibitiva y normativa.

El análisis del pequeño Hans tuvo un papel determinante en el descubrimiento por Freud del complejo de castración" (pág. 82, 1974).

"El complejo de castración fue descrito por vez primera en 1908 y relacionado con la 'teoría sexual infantil', que, atribuyendo un pene a todo ser humano, sólo puede explicar la diferencia anatómica de los sexos por la castración. La universalidad del complejo no se indica, pero parece hallarse implícitamente admitida. El complejo de castración se atribuye a la primacía del pene en ambos sexos, y su significación narcisista se halla prefigurada: 'El pene es ya en la infancia la zona erógena directriz, el objeto sexual autoerótico más importante, y su valorización se refleja lógicamente en la imposibilidad de representarse una persona semejante al yo sin esta parte constitutiva esencial'"(ídem).

Desde luego que debió existir en la dama un miedo que minaba su sistema nervioso de manera tal que produjo instantáneamente un síntoma devastador.

Según Nietzsche, "el miedo íntimo y suspicaz, fruto de un pesimismo incurable, obliga a la humanidad, por millares de años, a darse una interpretación religiosa de la existencia; es el miedo instintivo que presiente que la verdad podría ser conquistada mucho antes de que el hombre haya adquirido fuerzas y arte para soportarlo... Consideraba desde este punto de vista la piedad, la *vida divina*, aparece como el último y más refinado engendro del miedo que recula delante de la verdad; y la adoración y embriaguez del artista, con la más consecuente de todas las falsificaciones, la voluntad de invertir lo verdadero, la voluntad del error" (pág. 60,1999).

Se impone explorar algún tipo de relación entre la religiosidad y la sexualidad. Andújar sustenta que "África es una referencia para desentrañar la relación entre el erotismo, la cultura, la sociedad y la cotidianidad por ejemplo, las culturas del occidente de África hacen de la sexualidad –como de lo sagrado y la música, entre otras manifestaciones– una bandera, un símbolo, una manera de vivir.

En esta cosmogonía, donde la fertilidad entendida muchas en *términos estrictamente místicos o simbólicos,* no es inseparable del hecho erótico, la que nos brinda una relación con el mundo imaginario de la sagrado como también con el terrenal, posible y cotidiano" (pág. 197, 2007).

"Así, *lo prohibido* y lo vedado (las tentaciones humanas) dejan de ser un tabú en el mundo negro-africano. Esto explica por qué en las prácticas de la religiosidad popular de nuestro país y de otros pueblos caribeños, la sexualidad juega con la sagrado y lo erótico y se hace un espacio igualmente aceptado por las normas morales que, al menos esta vez, violentan el dictamen de la sociedad global... (ídem).

Es necesario también explorar la significación que entraña lo simbólico en el religioso que ha hecho una dependencia obsesiva en busca de satisfacción frente a su vulnerabilidad en términos sexuales o subrogados.

Según Fenichel "el éxtasis religiosos, el patriotismo y otros sentimientos similares se caracterizan por la participación del yo en algo inalcanzablemente elevado. Muchos fenómenos sociales tienen su raíz en la promesa a los desvalidos, de parte de los *omnipotentes,* de la deseada participación pasiva, a condición de que aquellos cumplan ciertas reglas.

Las experiencias del individuo vinculadas a la omnipotencia conducen a crear una necesidad de la psique humana que es la máxima importancia. La nostalgia del sentimiento oceánico del narcisismo primario podría denominarse *necesidad narcisista*. La autoestima constituye la manera de hacerse cargo el individuo de la distancia que los separa de la omnipotencia primitiva" (pág. 57, 1997).

"Algunas veces, sin embargo, un ambiente fuera de lo común que echa a perder al niño y favorecer el aislamiento permite a la persona aferrarse a su distanciamiento narcisístico y sobre compensar toda lesión narcisista forjándose un concepto aún más alto de sí mismo. Otras veces las causas de la fijación narcisista determinante de una sobrecompensación de esta índole no resultan tan evidentes.

En algunos casos, un narcisismo sobre compensador de esta índole puede convertirse en un punto de partida para el desarrollo de actitudes ascético-masoquista" (pág. 472, ídem).

Evidentemente esto ha ocurrido en muchos pueblos y en alto diversas personas de distintas culturas. En el caso de apelarse inconscientemente a la pérdida de la vagina y la fuerza omnipotente al ampararse en lo divino, para contrarrestar al poder de un personaje que en esa época en la sociedad dominicana era un representante del poder omnipresente de dios.

Ocurrió un evento, que puede considerarse como una jugada anticipada de jaque mate. Reacción que iba a mermar las fuerzas del sujeto que también tenía sus creencias y no iba a luchar con alguien que le echaría a perder también el favor del todopoderoso.

Jacinto con su precinto

Un título subjetivo que provenía de una breve estrofa que le recitaban a Jacinto; a quien la caída de un caballo antes de la pubertad le había alterado su psiquismo haciéndolo inquieto y extraño, puesto que al parecer un golpe en el cráneo le produjo la pérdida progresiva de la razón.

Jacinto había nacido sin presentar algún problema y era él primogénito de una familia de escasos recursos pero con muchas acomodaciones, al residir cerca de donde había mangos, ciruelos, y más frutos comestibles; también su tierra era bautizada por un buen río que permitía a todos darse su chapuzón en el momento que le apeteciera.

Muy curioso por demás y buscaba siempre la misma compañía para vivir la vida placentera que se vive en los campos con las riquezas naturales y una comunión envidiable entre los individuos.

Cada cierto tiempo en esa familia que vivía y consumía todo lo que venía de la tierra, se desparasitaban desde los más pequeños hasta los más grandes o mayores, ya que el agua que tomaban la sacaban del río y los estómagos más sensibles tendían a llenarse de parásitos que se combatían con una mezcla de ajo con anamú y zanahoria para que no quedara un solo huevito.

A veces llegaban algunos virus y epidemias como las que suelen azotar a los más vulnerables de los individuos.

Entre la primavera y el verano del 1972 cuando Jacinto tenía probablemente trece años de edad le ocurrió un evento que lo marcó como también a los padres que buscan atesorar lo mejor para sus hijos, y entregan hasta sus vidas si fuera necesaria para que sus vástagos mantuvieran salud y prosperidad. Cayó de un caballo cuando saltaba un riachuelo como de costumbre.

Una fiebre y vomito le azotaron durante tres días continuos. La madre le dio bija con leche para los golpes y esto según cuentan le mitigó los síntomas.

Después del suceso, su familia que había llorado porque presentían lo peor, empezó a consentirlo como a ningún otro y cada petición del vástago era una orden que se cumplía desde el más insignificante objeto hasta el de mayor valía.

Los habitantes de esa comunidad les atribuían un estado de engrandecimiento, altivez y mojigatería, ya que su familia le trataba mejor hasta que las niñas, y por eso él hacía cuantas diabluras le pareciera.

A veces consumía algún tipo de fruto o planta prohibida porque esto solo le hacía daño a quien no tenía confianza en su poder.

Él siempre alardeaba de tener poderes sobre todo lo que le pareciera y nadie podía refutarlo porque le podía ir muy mal. Advertía siempre de la misma manera.

—Cuidado con ese muchacho que hace lo que nadie hace aquí, como si le hubieran echado una maldición y todos tendríamos que pagar —decía un señor de la proximidad familiar.

En ese tiempo en el pueblo cualquier enfermedad de algún miembro de la familia resultaba ser una maldición y una venganza divina o demoníaca.

—Vale más morirse que caer en desgracia, porque se vuelve uno charlatán y nadie lo respeta —comenta el padre de Jacinto.

—Pero dios es muy grande para dejar a uno pasar tanta vergüenza. Yo me mantendré visitando la Virgen de la Altagracia en promesa porque algo va a ser dios con nosotros y ese bendito muchacho.

Pasaron años tratando de hacer lo ¡imposible! para la recuperación de la cordura del muchacho.

Muchos ignoran cuánto sufren los padres de personas enfermas de la psique, y toman a chiste al susodicho individuo que padece. En ese momento Jacinto se fue convirtiendo en la burla y el hazmerreír de todos los jóvenes que buscan un motivo para mofarse de él.

Las cosas empezaron cuando un día se estaban bañando todos en el río cuando a alguien se le ocurrió guardar o hacer perder la ropa del adolescente que para ese momento habían pasado más de seis años de la caída.

Esto enfureció tanto al muchacho que después que lloró desconsoladamente empezó a tirar piedras a todos los que lo molestaban, y siempre que salía de la casa llevaba en un recipiente muchas piedras para defenderse de los que le excitaba cada enojo de Jacinto. Y continuaban jugando con dichos y molestosos refranes y ocurrencias que iban en detrimento de la salud cada vez más afectada.

Para una familia que está agotada de recibir tormentosos sufrimientos de la sociedad y de las circunstancias que les toca vivir, siempre existirá una alternativa para resolver la situación que le impida el descanso después de una jornada de trabajo tan duro como los que realizan los trabajadores de la labranza.

Se dice que visitaron a un tal Pirrindin de la Culata para ayudar al muchacho en la cura.

El padre se preparó y visitó al curandero solo para tratar el caso que le tenía agotado tanto a él como a su familia.

Dicho curandero aconsejo y recomendó al padre sobre cosas que se habían ignorado y que podían hacer la diferencia entre la salud y la enfermedad del hijo; esto causó una reacción muy benéfica al reaparecer en el rostro, la esperanza, en ese desesperado hombre que hasta entonces nadie le había dado alguna respuesta eficaz y esta vez parecía que algo bueno iba a pasar con su hijo.

Cuando llegó a su casa se le vio un semblante con más deseo de luchar y mostró a la familia algún remedio que parece que estaba compuesto por complejo B y ácido fólico; además de las recomendaciones vitamínicas, se le hizo otro tipo de recomendación que consistía en cómo se debía tratar al muchacho, y controlar las influencias dañinas que enfurecían a su hijo.

Siguiendo el padre las instrucciones, y toda la familia estaba esperando el milagro, además se dice que el curandero realizó una visita hasta el lugar donde vivían. Y habló con la familia, luego con el joven muchacho; y finalmente conversó con un número importante de campesinos de los que se mofaban, y después de ese evento se observó un cambio considerable en la conducta del enfermo.

Su distorsión parecía obedecer tal vez a una lesión importante cráneo-encefálica, debido a la caída del caballo. Siendo esta la causa de la vulnerabilidad ante los ataques del medio.

Nuestra cultura, al igual que en muchos tantos países, tiene algún repudio por aquellos que no soportan mucha presión, y a la vez descargan sus propias inseguridades en esos débiles.

La inconsciencia es probablemente el síntoma social más dañino que existe en las personas que suelen cohabitar juntas, llegando a infringirse laceraciones y vejaciones, cuando paradójicamente tienen anhelos y muchos planes en común.

Análisis del caso de Jacinto

A veces la gente inventa alguna rima a la cual otorga algún significado burlesco. Un precinto, según el diccionario de la Real Academia de Lengua, es un sello de seguridad, un dispositivo físico numerado (o no) que se coloca sobre mecanismos de cierre para asegurar que estos no se abran sin autorización.

Una interpretación de ese calificativo tiene algún sentido con el padecimiento del susodicho, si analizamos que la enfermedad verdaderamente se mueve con esta dinámica. Y en el caso de débiles mentales, viven una vida con poca libertad y hasta sus familias cuidadoras les tratan como alguien que debe guardarse y atarse, para evitar que la sociedad conozca sus debilidades y puntos vulnerables como un seguro de defensa. Aunque la enfermedad en sí funciona como una liberación ante la incomprensión social.

"A juicio de García Godoy, luego de la extremada violencia con que se abre nuestra historia, le sucede una vida colonial monótona de *ejercicios piadosos*, de rezos, de procesiones, absorbe casi toda la actividad mental, lo mismo en lo individual que en lo colectivo. Luego añade que aquella violencia no desapareció sino que permaneció dormitando en un rincón de la vida colonial, para despertar..." (Sánchez Martínez, 302, 2001).

En cuanto al golpe producto del accidente por la caída del caballo, tenemos que "la anamnesis en neurotraumatología es uno de los procedimientos de mayor responsabilidad clínica, porque para la misma muchas veces no hay sino la oportunidad, bien sea porque los informadores se retiren del medio hospitalario o porque las condiciones del paciente se deterioren; el hecho es que prácticamente es imposible reconstruirla *a posteriori*. Como el diagnóstico y la conducta en el trauma cráneo-encefálico se basa en el factor tiempo, deben anotarse con precisión la fecha y la hora del trauma. La naturaleza del mismo (agresión, caída, colisión); su circunstancia de presentación, la intensidad y la pérdida del conocimiento, deben detallarse porque dan idea de la severidad del traumatismo y tienen mucho valor para sospechar traumatismo múltiples o complicaciones neurológicas graves todo lo cual permite formular un pronóstico inicial del caso, indispensable para adoptar una conducta inmediata" (Arana y López, pág. 4, 1997).

En este sentido, no tenemos datos suficientes de la exploración neurológica que le realizaron a Jacinto.

Por otro lado, se evidencian unos síntomas que devienen de la vulnerabilidad ante el estrés social, que le causaban las burlas de los compañeros o personas que tenían la curiosidad de tener un sujeto de circo, que le hiciera disfrutar, para sentir una superioridad que en el fondo era la antítesis de la inferioridad sentida de manera inconsciente.

Ante los ataques, un indefenso luchador solo puede defenderse con un síntoma, que sirve de válvula de escape.

En ese sentido, es importante saber cómo se define "formación de síntomas".[27] "Término utilizado para designar el hecho de que el síntoma psiconeurótico es el resultado de un proceso especial, de una elaboración psíquica.

Este término, que se encuentra repetidas veces a lo largo de toda la obra de Freud, subraya el hecho de que la formación de los síntomas psiconeuróticos debe considerarse como una fase específica en la génesis de la neurosis. Al principio, Freud parece haber dudado en considerarla como fase esencialmente diferente a la de defensa, pero, finalmente, asimila la formación de síntoma al retorno de lo reprimido y la considera como un proceso distinto; siendo los factores que dan al síntoma su forma específica relativamente independientes de los factores que se hallan en juego en el conflicto defensivo '¿... coincide el mecanismo de la formación de síntoma con el de la represión? Es más probable que sean muy diferentes y que no sea la represión en sí la que produce formaciones substitutivas y síntomas, sino que estos sean los indicios de un *retorno de lo reprimido* y deban su existencia a otros procesos completamente distintos'. Retorno de lo reprimido; Elección de la neurosis" (188, 1974).

En ese sentido, el síntoma funciona como un desahogo que traerá un poco de calma al enfurecido y mal entendido Jacinto.

La cura debida a minerales y un trato comprensivo y por qué no, también sugestión del tipo que ejercen los curanderos. Tanto por su

---
27 Laplanche y Pontalis.

fama y popularidad que se crea alrededor de ellos, como también por la sagacidad y tacto que ellos emplean en este proceso.

En ese sentido, veamos... "para entender el vínculo que se crea entre el chamán y su paciente no es necesario buscar muy lejos de nuestro parámetro: de hecho, podríamos establecer que la práctica de los chamanes es antecesora directa de nuestra medicina occidental, si bien ambas abordan la salud del enfermo desde perspectivas radicalmente opuestas. Afirmar que la medicina surge del chamanismo no debería resultar ofensivo ni contraproducente. En ambos casos se persigue el mismo objetivo: el restablecimiento de un estado del cuerpo y la mente humana que hemos denominado *salud*. No vamos a entrar en mayores consideraciones sobre lo que implica la salud, o el estar sano, puesto que es un concepto lo suficientemente claro para todos y a la vez tremendamente difícil de concretar. Se trata, en definitiva, de un estado fisiológico que presenta un correcto funcionamiento, pero también de un consenso social que delimita los márgenes de dicho funcionamiento. (Ruiz, 74, 2006).

También podemos ver la similitud que ejercen los curanderos con una especie de magia homeopática como vemos en un ejemplo de Frazer.

"Así, en la teoría de la magia homeopática una persona puede actuar sobre la vegetación, ya para bien o para mal, según la calidad buena o mala de sus actos o según su condición: por ejemplo, una mujer fértil hará que las plantas fructifiquen y una mujer estéril las hará estériles.

Esta creencia en la naturaleza nociva e infecciosa de ciertas cualidades personales o accidentales ha dado origen a un número de abstenciones o leyes prohibitivas: las personas dejarán de hacer ciertas cosas para no infectar homeopáticamente los frutos de la tierra con su propio estado o condición indeseable (Frazer, pág. 557, 1981).

Finalmente, el proceso de curación en este caso involucró la participación de diversos actores, donde se encontraban: la familia, el sujeto afectado, aquellos que fungen como los causantes del problema, desde el aspecto psicosocial, y una eficiente arenga del curandero en aras de desestimar las burlas. En una interpretación del inconsciente colectivo[28] se puede deducir que estos renunciaron a la satisfacción de su ego, para que no caiga la maldición sobre ellos, desde un inquisidor superego.[29]

---

[28] Concepto de Carl Jung, que hace referencia a las estructuras de la mente inconsciente compartidas entre los miembros de la misma especie.

[29] Es una especie de conciencia moral según el psicoanálisis, que funge como un juez despiadado cuando se violenta algún elemento esencial de la cultura.

La región sur y un poco de su gente en el arte del curanderismo

En los países de ideología ancladas al subdesarrollo existen conjeturas y estigmas que se proyectan en un grupo de sujetos vulnerables y se les denomina culpables de los males que atañen probablemente a la cultura en general.

Por razones geopolíticas que obedecen a factores del tipo defensivo desde la conservación de la especie, la región sur ha sido una especie de cenicienta, probablemente por tener cercanías territoriales y dar acceso a ciertos elementos del folklor de otra cultura, que en tiempos pretéritos compartían, por una razón de filogenética. Nadie puede negar que muchas de las prácticas de la religiosidad popular tienen origen en nuestros ancestros africanos comunes tanto al pueblo dominicano como al pueblo haitiano.

El sur ha sido percibido como un manantial donde las prácticas del curanderismo y la brujería son cosas de común suceder.

Sin embargo, su realidad es distinta y muy similar a lo que ocurre en el resto del suelo dominicano, u otros países. Donde unos tienen algún tipo de dominio sobre otros. Y los más, ignoran que le han atribuido un poder que pudiera ayudarles a conseguir el favor de muchos tontos del razonamiento.

En ese sentido, también existen aquellos que tienen ciertas habilidades para ayudarse con el falso atributo.

Uno de los curanderos más virtuosos de validez y confiabilidad importante entre los que buscan su servicio tiene por nombre "Nolito" quien trabaja con el "Rey del agua", José Mellizo y Juan Mellizo; también Anaisa.

Todos los antes mencionados son espíritus ancestrales que habitaron en mitología o fábula de la dominicanidad o en la cultura africana.

"Los 24 de Enero Nolito celebra una noche de velas (empezando en el día hasta las 10 de la noche). Se canta salves y se tocan los atabales y se brinda una serie de comestibles empezando por chocolates, y la típica comida dominicana: arroz, habichuela y carne; por último se brinda café, etc.".

Se le monta (entrada de un espíritu en un sujeto) el santo denominado "el Rey del agua" y ordena cosas que hacer para conseguir dicha, y resolver problemas.

Según Remigio, él ha curado a muchas gentes de diferentes enfermedades. Ejemplo si alguien va con una fiebre que no se sabe su proceder, y se sospecha que es algo malo (del más allá).

—Con brebajes[30] y yerbas se le suprime —según comenta.

—Una gripe de un proceder extraño[31] también…

Otro de los populares lugares para realizar estas curas relacionadas con la magia o ciencias ocultas, es la "agüita" donde iba mucha gente a bañarse para conseguir dicha y sanarse. Específicamente está en la sección Maguana Arriba, próximo al municipio de Juan de Herrera. Su gente vive eminentemente de la agricultura. Su fama de proveer curación y prosperidad a sus visitantes se debe a que entre sus aldeanos existió un curandero de alta consideración en toda la región, Liborio Mateo, curandero, ocultista, líder mesiánico y revolucionario de la República Dominicana. Nacido en el 1876, durante el gobierno de Ignacio María Gonzáles, predecesor de Buenaventura Báez. Y en momentos de guerra anexionista y restauradora.

---

30 *Bebida a la cual se le atribuye un poder sanador.*
31 *Algo que obedece a causas relacionada magia oculta.*

Según los aldeanos más ancianos, este era muy sabio.

Existen muchas historias acerca de su poder o don divino, entre los lugareños. Según cuentan, un día se murió una mula y él la revivió. Curaba la gente de todo, y si alguien lo buscaba para hacerlo preso, este desaparecía.

Fue un alto revolucionario y combatiente durante la intervención americana en el 1916. Y aunque tenía muchas habilidades para luchar y escaparse de manera "misteriosa", cayó abatido el 27 de junio del 1922. En la Maguana también estaba el curandero Pedro (discípulo de Liborio).

Facultativos recomiendan al curandero...
Narciso Augusto Beltré (Pirrindin)

Mandaba a la farmacia para comprar medicamentos, con recetas que él elaboraba, sin ser médico, comenta doña Susana, una fiel creyente que le conocía.

Según la señora Tata, quien fuera su ahijada, dice: "Pirrindin curaba todo tipo enfermedad y daños[32] también, y las brujerías que le echaban a alguien... decía él que sacaba el 'daño' como si fuera una espina".

Según cuenta: "alguien le visitó para buscar alguna cura para un hermano, y este le interrogó de manera minuciosa y le preguntó: si no buscaba algo para él también, puesto que aparecía con alguna 'sombra extraña' en la luz que tenía, para examinar a sus clientes; y después de irse de la consulta se dice que al poco tiempo murió.

La señora M. R. Encontrándose en una hora santa en la casa paterna que se realizaba cada año, de repente dejó de caminar de manera extraña y sin ninguna razón médica.

Puso en alarma a todos los presentes y más de uno quiso ayudarla para que se pudiera trasladar, puesto que no tenía sensibilidad en las extremidades.

Cuenta ella que "Pirrindin, quien se encontraba sentado entre los presentes, dio la orden siguiente: 'no se le moleste, ya que esta se levantará, y empezaría a caminar al poco tiempo'".

---

32 Daño,... *en el sentido que emplean los creyentes del curanderismo o la brujería: se entiende como aquello que proviene de otras esferas; pactos malignos.*

Sus palabras produjeron el milagro y la dama llegó hasta donde él sin darse cuenta caminando por sus propios pies, según comenta su propia experiencia. Definitivamente podemos pensar en sugestión hipnótica.

Otra de las hazañas del curandero"Si un militar quería ascenso solo tenía que visitarle para que se le hiciera una 'preparación' que consistía en una especie de agua perfumada con algún ingrediente conocido por él y al poco tiempo la persona regresaba con mucha alegría, puesto que había logrado su objetivo", según cuenta la dama M. R.

"Su fama se hizo tan notoria en el pueblo que hasta los facultativos recomendaban en algunos casos complejos una visita al curandero".

Según un señor entrevistado de los que asisten al Hospital Dr. Cabral de San Juan de la Maguana: "ocurría muchas veces que médicos ante una situación complicada que no encontraban la cura a sus pacientes y mandaban donde Pirrindin; este sanaba a los enfermos que estaban desahuciados. Existían casos donde estos llegaban tarde, porque los médicos no informaban a tiempo el estado de gravedad del paciente, y por eso la persona fallecía". Explica el señor.

Este caso ilustra la influencia que tienen en los lugareños, aquellos sujetos que logran conocer la esencia de ciertas creencias populares y se identifican con algún simbolismo de poder en la cultura.

En ese sentido, la gente de esas subculturas cree mucho más en la cura de un personaje místico que en la del médico... y probablemente le funciona más.

El mismo Freud cuenta en su visita por Francia, que un médico que no lograba ver paciente y con dificultades económicas por la misma causa, optó por presentarse como curandero, puesto que estos creían que eran más expertos y confiables que los médicos. Aunque su historia data de finales del siglo diecinueve, en la actualidad al parecer ocurre algo parecido con las grandes pandemias y enfermedades que afectan por todo el mundo.

Los familiares creyentes en los poderes místicos y divinos de los curanderos o chamanes, piden muchas veces a los médicos, una atención especial con tal de ganar tiempo para poder llegar al sanador de su preferencia.

Y algunos médicos que no quieren cargar con el peso de la culpa y persecución en casos de especiales pronósticos, también recomiendan visitar a quien mejor les pueda ayudar. Como en el caso siguiente.

"Si usted ve que la enfermedad no cede pronto con esa receta vaya a ver al señor Pirrindin que después de dios, él también conoce cómo tratar a los enfermos y muchas veces resulta benéfica su ayuda". Esto ha sido comentado por algunas personas mayores de 70 años que le conocieron, y su manera tan amable y sabia, conquistó su confianza.

Es importante pensar y entender que el médico se ve muchas veces en aprietos cuando ocurre que los familiares se niegan a perder a un pariente ante una enfermedad degenerativa o cuando la gravedad misma permite hacer una lectura clínica del pronóstico reservado del enfermo.

Y es probable que ante estos casos el facultativo le dé un poco de aliento y esperanza tanto al paciente como a la familia del mismo recomendándole otra alternativa.

Creo que no resulta difícil comprender esa situación; me parece a groso modo que quizá en más del cincuenta por ciento de casos que desconcierta tanto al médico como a la familia habrá de esperar una recomendación fantasiosa o un tanto divina. He visto a más de uno decir ante un paciente: déjeme eso a mí que después de dios yo le voy a devolver la salud a su pariente. También he escuchado muchas oraciones como esta que me ha dicho un médico ante una difícil situación con un pariente: "Ruéguele a dios que yo haga mi trabajo bien y si es su voluntad él va a resolver".

Recuerdo que ciertos fieles rezaban ante la desesperación que reinaba en un vuelo por una fuerte turbulencia: "señor, que seas tú que lleves este aparato tan complicado y no ese ¡miserable y débil piloto!... que sabemos que es un buen hombre pero tú eres el todo poderoso, amén".

El señor Kiko dice: "En San Juan habían dos personas que resolvían bien cualquier enfermedad pero primero estaba mi compadre Pirrindin y después el doctor Cuello que recetaba un jarabito barato y ¡con eso, santo remedio!".

Freud conocía de la importancia de la fe de los que visitaban al curandero y cómo fantásticamente todos se agrupaban esperando pasar y tratarse.

Parafraseando a Freud, en uno de sus primeros libros de la influencia del curandero, comenta que cierto médico recién graduado llegó a su casa y colocó un letrero de su embestidura al servicio de la comunidad y dice que gracias a un curandero que era muy famoso este tuvo que mudarse a un lugar lejano porque no conseguía tratar a un solo paciente, y si no trabajaba no comería. Luego en su nueva casa en vez de colocar un letrero de consultorio médico, escribió: "curandero que cura todas las enfermedades" y eso se rebosó de gente buscando el servicio del divino curador; un buen día llegó la policía para hacerlo preso porque estaba prohibido ejercer sino era graduado y este ni tonto ni perezoso, presentó su título, y a los policías no les quedó otra opción que la de marcharse, pero ahí se le armó el problema con las personas que le reclamaban por qué había engañado a todos".

Era mejor caer preso y seguir siendo curandero para la gente que pronto le abandonaron. Sería la reflexión del médico.

Según parece, estas creencias no solo les toca a personas de poca escolaridad o cultura sino que estudiantes y profesionales de diferentes carreras también cuentan su historia.

Cabe destacar que la personalidad también juega un papel de importancia para obtener una configuración singular de problemas que tienen mucho de lo que habita en el pensamiento, fruto de nuestra herencia milenaria o ancestral debido a un carácter ontológico. En ese sentido, Mejía-Ricart plantea que "resulta difícil cuando no imposible la tarea de tratar de caracterizar la conducta social típica del dominicano, particularmente la que tiene que ver con la conducta desviada y los problemas sociales, por motivos semejantes a los que han tenido los intentos fracasados en otras latitudes, sobre todo si se tienen en cuenta los estereotipos y cultura que es característica de pueblos pequeños y comunidades insulares con altos niveles de emigración e inmigración como el nuestro" (pág. 33, 2003).

Comenta una estudiante de San Francisco de Macorís que ante la experiencia que le tocó vivir no se atrevía a decir a nadie lo que le había pasado porque temía que se repitiera el evento.

"Estaba en un salón de belleza y llegó una señora que se le monta 'la metresa' y sabe adivinar el futuro. Cuando hay peligro en una persona se lo dice inmediatamente". Alguien le habló de la dama cosas terroríficas...

"Y sentí como si algo me halaba y me erizaba de miedo", comenta.

"De repente vi cómo todo se movía a mi alrededor y sentí como que llegaba algo malo y todas las que estábamos allí salimos corriendo, pero eso no terminó ahí, en la noche sentí que algo malo estaba entrando en mi casa...y me apreté de la persona que duerme conmigo; otro día miré sin querer al lugar y hasta la dueña del salón se mudó".

Sigue comentando: "Desde ese día no he podido dormir bien y no sé qué hacer".

Por lo visto, el miedo por lo que representa las creencias en los espíritus y cosas del más allá produce a veces efectos similares hasta en quienes deben estar llamados a explicar el fenómeno. Y probablemente esto mismo les lleva a escudriñar y visitar quien le ayude con tal dificultad.

Seguimos observando el influjo de la sugestión en las referidas historias.

Una dama que estudió periodismo se encontraba ante una situación de dificultad, puesto que no tenía posibilidad de solución de manera normal y razonable. En ese momento, viajó desde Monte Cristi, recorriendo una distancia de más de 200 kilómetros a un campo de Moca, lo que me sorprendió, puesto que en ese pueblo no pensé que llegaba el curanderismo o la brujería con tanto ahínco.

Luego me encontré y entrevisté a la experta bruja o curandera, quien habitaba en una residencia con mucha elegancia, y en su santuario adornado de flores exóticas y un patio que semeja la entrada a una especie de encantamiento paradisíaco.

Me tocó indagar cosas con la dama, puesto que quise saber qué y cómo curaba; además saber de otros privilegios para las personas que buscaran de sus servicios.

—Yo tengo el poder de curar hasta el ¡sida!, jaja y si usted supiera que curo ¡algo peor! que eso mismo —comenta.

Yo le pregunto qué sería eso, a lo que ella contesta: —No se lo puedo decir porque con los santos que yo trabajo son muy exigentes conmigo y me pueden castigar pero investigue y decídase rápido para hacer lo que tiene que hacer porque mi tiempo es muy ¡valioso!

Todo esto es un intento de sugestión de la sabia señora. Sigo preguntando sobre otras cosas...

—Tengo gente que vienen a buscar mis servicios desde diferentes países... dominicanos que viven en New York, Italia, España. Y buscan siempre un resguardo (amuleto mágico).

En ese sentido, comenta Frazer: "Por otro lado, la misma comprensión circular que impide el regreso del alma, puede impedir el ingreso de los espíritus malignos; por esto sabemos de anillos usados como amuletos contra los demonios, brujas fantasmas. En el Tirol se dice que una parturienta no se quitará su anillo de bodas para que los espíritus y brujas no se apoderen de ella.

Entre los lapones, la persona que va a acomodar un cadáver en su ataúd recibe del marido, esposa o hijos del difunto un anillo de latón para que lo lleve puesto en su brazo derecho hasta que el cadáver esté en seguridad depositado en la tumba. Se piensa que el brazalete sirve a la persona como un amuleto contra cualquier perjuicio que el espíritu del muerto intentase hacerle" (Frazer, pp. 287-288).

"Que la costumbre de llevar anillos en los dedos puede deberse a la influencia o haber surgido de una creencia en su eficacia como amuletos para conservar el alma en el cuerpo, o para que no entren los demonios en él, es una cuestión que merece ser considerada ampliamente. Aquí solamente nos concierne la creencia en tanto cuanto suponemos que puede arrojar claridad en la regla que prohibía que el Flamen Dialis[33] llevase anillos a menos de que estuviesen abiertos. Esta regla, unida a la que también le prohibía tener ni un solo nudo en sus vestiduras, indica el temor de que el poderoso espíritu encarnado en él pudiera ser entorpecido o impedido en sus entradas y salidas por grilletes corporales y espirituales tales como los anillos y los nudos" (ídem).

Volviendo al interrogatorio con la señora curandera, sigo indagando

—¿Solo los dominicanos que viven en otros países usted atiende?

—No, también gentes que nacieron en esos países, usted no ve como viene tanta gente —explica y señala sus súbditos presentes.

Pude ver a más de diez personas esperando mientras esta se preparaba.

Y pregunté a varios clientes y sus palabras corroboraron a la dama curandera.

—Mire, yo estoy aquí porque mi prima, una mujer que no tenía suerte con los hombres, se casó con un...y consiguió una fortuna que yo no llego hasta ahí contando, jajaja —cuenta una dama.

---

33 *El Flamen Dialis era el sacerdote de Júpiter, uno de los tres flamines mayores y, por lo tanto, un cargo importante en la religión del Estado romano.*

Sigue diciéndome y al enterarse en qué trabajo (profesor... había comentado que era un trabajo para la universidad... de ciencias.)

—¿Verdad que aunque uno sea profesional hay que creer en algo?, ¿verdad? —me pregunta la habilidosa dama.

Yo le contesto: —¡Claro que sí!

—Yo sabía que usted también creía en esto... usted no va a venir de tan lejos hasta aquí para hacer sus preguntas, es que para mantener los trabajos en este país hay que santiguarse con dios y con el diablo... usted cree que esos hombres que trabajan en tan grandes y buenos puesto es buena, buena... ¡no!, es porque vienen y le hacen su trabajito —comenta.

—Mire, yo tengo un primo que trabaja con el gobierno, y yo sé que hizo lo suyo... un abogado que no encontraba trabajo...y si le sigo diciendo no termino hoy... aprovéchese y se dará cuenta de lo que le digo y me buscará para darme algo de todos eso cuartos que le pagarán—. Son las palabras de un señor que parece que buscaba resolver un problema con un preadolescente que parecía su hijo.

Aquí entra en juego el placer y esto puede explicarse desde el proceso primario. Y sobre todo el beneficio primario y secundario.

"Beneficio de la enfermedad designa, de un modo general, toda satisfacción directa o indirecta que un sujeto obtiene de su enfermedad".

El beneficio primario es el que entra en consideración en la motivación misma de una neurosis: satisfacción hallada en el síntoma, huida en la enfermedad, modificación favorable de las relaciones con el ambiente.

El beneficio secundario podría distinguirse del anterior por:

- Su aparición con posterioridad, como ganancia suplementaria o utilización por el sujeto de una enfermedad ya constituida;

- Su carácter extrínseco en relación con el determinismo inicial de la enfermedad y con el sentido de los síntomas;

- El hecho de que se trata de satisfacciones narcisistas o ligadas a la auto conservación más que de satisfacciones directamente libidinales". (Laplanche y Pontalis, pág. 44).

"Desde sus comienzos, la teoría freudiana de la neurosis es inseparable de la idea de que la enfermedad se desencadena y se mantiene en virtud de la satisfacción que aporta al individuo. El proceso neurótico responde al principio del placer y tiende a obtener un beneficio económico, una disminución de la tensión. Este beneficio se evidencia por la resistencia del sujeto a la cura, resistencia que se opone al deseo consciente de curarse" (ídem).

"Pero sólo más tarde, y siempre en forma bastante aproximada, establece Freud la distinción entre beneficio primario y beneficio secundario. Así, en el estudio del *Caso Dora,* Freud parecía sostener inicialmente la idea de que los motivos de la enfermedad son siempre secundarios con relación a la formación de los síntomas. Estos no tendrían al principio una función económica y podrían ser efímeros si no resultasen fijados en un segundo tiempo: 'Cierta corriente psíquica puede encontrar cómodo servirse del síntoma, y este adquiere así una *función secundaria,* quedando como anclado en el psiquismo'" (ídem).

Conclusión

Espero haber producido algún tipo de curiosidad en cuanto a la investigación del psiquismo dominicano y porqué no de América latina y otros países tal vez más desarrollados.

En esta breve e ilustrativa investigación se explora la influencia del medio sociocultural y la sugestión en muchos padecimientos en el psiquismo humano, y de manera similar, nos preguntamos si existe una cura propiamente dicha por la influencia de un curandero; y al parecer según Freud y Russell algunas enfermedades pueden ser curadas por la sugestión.

En ese sentido, una cura propiamente dicha basada en la sugestión, probablemente no sería factible en la mayoría de los casos, puesto que el sujeto no estaría en su sano juicio y tendría recaída según las investigaciones médicas y psicoanalíticas como acata Freud al abandonar este método.

También se buscaba qué cuota se establece como dependiente de la cultura y la sociedad; y parece ser que ambas ejercen una influencia importante según Andújar, Ruiz, Frazer, Freud y Mejía-Ricart.

En cuanto a la constitución, parece que algunos individuos son más vulnerables que otros, según alguna deficiencia física, como también por su percepción ante los otros.

Creo firmemente que la civilización aún está muy apegada a las creencias que se sembraron en la Edad Media, y de igual manera, en el imaginario del primitivo hombre que no lograba razonar sin que un más allá, y un espíritu estuviera dirigiendo sus movimientos.

Frazer establece claramente que tanto el sujeto del siglo veintiuno y el antiguo hombre mantienen idéntico pensamiento, creyendo en la magia y las fuerzas espirituales. En conclusión, creo que muchas personas no revelan sus credos y búsquedas en estas regiones arcaicas de la religiosidad popular y mágicas curaciones por el temor a la agresión e incomprensión, e ignorando el pensar del otro.

El fenómeno de las creencias en unas personalidades que emanan algún tipo de misterio e influencias, en personas que necesitan respuestas que trascienden las fronteras de las ciencias y de las respuestas cotidianas normales, ante los diversos problemas que azotan al individuo en la cultura, es un hecho tangible.

Y en ese sentido, ser un actor que conmueve con el drama sembrado en la emoción del espectador, resultará beneficioso, como cuenta Aristóteles en su *Poética*.

Definitivamente, buscamos consciente e inconscientemente la sugestión y ser sugestionados.

Bibliografía

Andújar, Carlos (2007): *Identidad cultural y religiosidad popular*. Editorial Letra Gráfica. Santo Domingo, Rep. Dom.

Arana CH., Abraham; López G., Federico (1997): *Fundamentos de medicina. Neurología*. Corporación para investigaciones biológicas, Medellín, Colombia.

Aristóteles (2007): *Poética*. Alianza Editorial, Madrid.

Barlow, H., y Mark, D. (2001): *Psicología Anormal, Un Enfoque Integral*: Editorial Thompson. México.

Carlson, Neil. R (1996): *Fundamentos de Psicología Fisiológica*. Prentice Hall Hispanoamericana S. A. México.

Cannon, W. B. (1942): *Voodoo death*. American Anthropologist, 44, 169-181.

DSMIV (1995): *Manual diagnóstico y Estadístico de los Trastornos Mentales*. MASSON, S. A. Barcelona.

Ember, Carol R.; Ember, Melvin; Peregrine, Peter (2008): *Antropología. Pearson Educación*, S. A. España.

Fenichel, Otto (1997): *Teoría Psicoanalítica de las Neurosis*. Editorial Paidós, SAICF México.

Frazer, Sir James George (1981): *La Rama Dorada, Magia y Religión*. Fondo de Cultura Económica, Buenos Aires.

Freud, Sigmund (1996): *Obras Completas*. Ed. Biblioteca Nueva, Cuarta edición, Madrid, España. Tomos I-II-III.

Freud, S (1996): *El método psicoanalítico de Freud. Obras completas*, Tomo1 VOL XXII.

(1996): *Sigmund Freud Autobiografía*. Alianza Editorial, Madrid.

(1916-17): *Vías de formación de síntomas. Lección XXlll.*

(1922-23): *Una neurosis demoníaca en el siglo XXlll. Lección CXXll.*

(1905-6 y 1942): *Personajes psicopáticos en el teatro. Lección XXXI.*

Glazer, R., Rice, J., Sheridan, J., PST, A., Ferter, R., Stout, J., Speicher, C. E., Kotur, M. y Kiecolt-Glaser, J. K. Stress-related immune suppression (1987): *Health implications. Brain, Behavior, and Immunity.*

Laplanche, J., &. Pontalis, J. (1974): *Diccionario de Psicoanálisis.* Barcelona: Editorial Labor, S. A.

Mejía-Ricart (2003): *Introducción a los problemas psicosociales Dominicanos*, Publicaciones Conare, Santo Domingo.

Nietzsche, Friedrich (1999): *Más allá del bien y del mal*, editorial Alba, Madrid.

Ovidio (2013): *Las Metamorfosis*, Ediciones Brontes S. L. Barcelona, España.

Ruiz, Pedro J. (2006): *El chamán, terapia, arte y ritual.* Fapa Ediciones, S.L. Barcelona, España.

Russell, Bertrand (2012): *Religión y Ciencia*. Editt, Fondo de Cultura Económica. México D. F.

Sánchez Martínez, Fernando, (2001): *Psicología del Pueblo Dominicano*. Santo Domingo, Rep. Dom. Editora Universitaria. UASD.

SARASON, IRWIN G., SARASON, BARBARA R. (2006): *Psicopatología. Psicología anormal. PEARSON EDUCACIÓN, México.*

Tejeda Ortiz, Dagoberto; Domínguez, Iván; Castillo Méndez, José (2000): *Calendario Folklórico Dominicano*, editado en MEDIABYTE. S. A.

Trull, Timothy J. / Phares, E. Jerry (2003): *Psicología Clínica. Conceptos, métodos y aspectos prácticos de la profesión*, Edit. Thomson, México.

www.ingramcontent.com/pod-product-compliance
Lightning Source LLC
LaVergne TN
LVHW041537060526
838200LV00037B/1027